Jenny Mosley und Helen Sonnet

101 Spiele zur Stärkung des Selbstwertgefühls

Aus dem Englischen
von Barbara Soukup-Sterl

Persen

Persen Verlag GmbH

Gedruckt auf umweltbewusst gefertigtem, chlorfrei gebleichtem und alterungsbeständigen Papier.

1. Auflage 2005

101 Games for Self Esteem
LL 01511 ISBN 1 85503 351 8

Illustrations by: Mark Cripps and Brian Hoskin
First published 2002
Reprinted 2002, 2003

Satz: Fotosatz H. Buck, Kumhausen
Druck und Bindung: Ludwig Auer GmbH, Donauwörth
ISBN 3-89358-**681**-4

Inhalt

Gruppenidentität aufbauen

Sich selbst und die anderen verstehen

Denken und sich konzentrieren

Aufmerksamkeit schulen

Mit Musik motivieren

Sich bewegen

Einführung

Schon seit langem wird Selbstachtung als wichtiger Faktor für die Lebensführung des einzelnen Menschen und seine mitmenschlichen Beziehungen angesehen. Ein positives Selbstbild kann zu sozialer Kompetenz, gesunden Beziehungen, größerer Zuversicht und Motivation, den Herausforderungen des Lebens zu begegnen, führen.

In den letzten Jahren haben Pädagogen die Stärkung der Selbstachtung in den Mittelpunkt ihrer Betrachtung gerückt, und es ist bekannt, dass Spielen eine wertvolle Methode zum Erreichen dieses Ziels ist. Spiele machen Spaß, sind fesselnd und schaffen eine unterhaltende Atmosphäre, in der man Kinder lehren und fördern kann. Sie eignen sich auch hervorragend dafür, den guten Umgang mit anderen zu erlernen und sich selbst positiver einzuschätzen. Außerdem kann man mit ihnen wichtige Fähigkeiten, wie etwa Selbsterkenntnis, Einfühlungsvermögen, Kooperations- und Vertrauensbereitschaft vermitteln.

Einige der Spiele in diesem Buch bieten Kindern die Chance, persönlichen Erfolg und die Anerkennung Gleichaltriger zu erfahren. Andere fördern durch Interaktion Fähigkeiten zum zwischenmenschlichen Umgang. Während Kinder ihre Gemeinsamkeiten und Unterschiede entdecken, lernen sie gleichzeitig die Einzigartigkeit und den Wert jedes Individuums zu achten. Freundschaft und Vertrauen innerhalb der Gruppe werden durch das Interesse und Vergnügen am Spiel gestärkt; das hilft den Kindern, positiv aufeinander zu reagieren. In einigen Beiträgen kommen Rollenspiele zum Einsatz, was den Kindern erlaubt, in einer sicheren Umgebung wirksame und angemessene Verhaltensweisen in vorgegebenen Situationen auszuprobieren und zu lernen.

Die Spiele sind nach Themen zusammengestellt, so dass Sie entscheiden können, welche für eine bestimmte Gruppe zu einem bestimmten Zeitpunkt geeignet sind. In der Schule können diese Spiele als Unterrichtseinstieg oder als Zusammenfassung eingesetzt werden, sie eignen sich aber auch für Spielkreise, als Aufwärmübungen im Sportunterricht, für den Spielplatz oder als besondere Belohnung, als Aktivitäten für Jugendclubs oder als Freizeitangebot. Sollten Sie diese Anregungen zum ersten Mal umsetzen, dann fangen Sie am besten mit den Spielen an, die Ihnen schon vertraut sind, und bestimmen selbst den Zeitpunkt, wann Sie zu den anderen übergehen. Möglicherweise benötigen Sie die Hilfe anderer Personen, um eine große Gruppe in kleinere und damit leichter zu steuernde Einheiten aufzuteilen.

Viele Spiele können im Stuhlkreis stattfinden. Ein Kreis bietet einen demokratischen Rahmen, in dem alle Mitspieler gleich sind. Zudem ist es in dieser Anordnung leichter, mit jedem in Blickkontakt zu bleiben, und die zurückhaltenderen Spieler werden zum Mitmachen ermutigt. Ein Spielkreis ist auch ein effektives Instrument, um ein Spiel zu organisieren und dessen Ausgang zu besprechen.

Für das Verhalten im Spielkreis sollten Richtlinien festgelegt werden. Dabei ist es besonders wichtig, dass keine Störungen oder negativen Kommentare zugelassen werden. Die wesentlichste Regel ist, dass der Beitrag jedes einzelnen zählt und dass alle Mitspieler innerhalb des Kreises das gleiche Recht auf Meinungsäußerung haben. Die Chance, gehört zu werden, ist ein wichtiger Punkt beim Aufbau von Selbstachtung und nur wer sich selbst respektiert, kann Respekt vor anderen lernen.

In diesem Buch ist zwar eine Vielzahl von Spielen gesammelt, trotzdem werden aber die Kinder und Erwachsenen, mit denen Sie spielen, die ergiebigste Wissensquelle für Sie sein. Sie werden mit Lehrern zu tun haben, die Spiele in ihren Unterricht einbeziehen, und mit Kindern, die zu Hause und bei Freizeitaktivitäten Spiele kennen gelernt haben. Durch Herumfragen werden Sie wahrscheinlich Ihr Spielrepertoire ganz erheblich vergrößern können.

Spielen Sie die Spiele in diesem Buch also mit Vergnügen. Seien Sie offen für Spaß, Heiterkeit und Diskussionen und nehmen Sie teil am Nachdenken und Miteinander. Beobachten Sie, wie Vertrauen und Selbstbewusstsein der Kinder wachsen und seien Sie sicher, dass diese Kindheitserfahrungen in ihrem künftigen Leben nachwirken werden.

Lernen, sich selbst zu schätzen

Die Spiele in diesem Kapitel erlauben jedem Kind, einmal die Hauptrolle zu spielen. Sie erfahren dadurch ihre eigene Besonderheit, bekommen das Gefühl, etwas Wertvolles beizutragen und werden somit positiv verstärkt. Jedes Kind bekommt die Möglichkeit zu erklären: „So bin ich!" und Selbstwertgefühl zu entwickeln.

Vorstellungsrunde

Vorstellungsrunde

Dieses einfache Spiel, das alle miteinbezieht, hilft den Kindern, ein Zugehörigkeitsgefühl zur Gruppe zu entwickeln.

Spielmaterial

Keine Materialien notwendig

Spielverlauf

Jedes Kind im Kreis sagt den Satz: „Ich heiße ... und ich sitze zwischen ... und ..." Dabei nennt es die Namen seiner linken und rechten Sitznachbarn.

Bemerkungen

Sie können für dieses Spiel einen „Gesprächsgegenstand" verwenden, wie z. B. ein kleines Spielzeug oder ein buntes Ei. Die Kinder dürfen erst sprechen, wenn sie den Gegenstand in der Hand halten; wenn sie ihren Satz beendet haben, geben sie diesen weiter.

Vor dem Spiel können Sie die Spieler so platzieren, dass sie nicht neben ihren Freunden sitzen. Dazu stellen sich alle ungeordnet in der Kreismitte auf und setzen sich beim Startsignal auf den Platz, der ihnen am nächsten ist.

Bei einem ähnlichen Spiel ist einer der Stühle leer. Das Kind, das rechts von diesem Platz sitzt, sagt: „Ich möchte gern, dass sich ... neben mich setzt, weil ..." Wichtig ist, dass der Satz mit einer positiven Aussage endet. Das genannte Kind wechselt den Platz und schafft dadurch einen neuen leeren, so dass das Spiel weitergehen kann.

Handybotschaften

Handybotschaften

Bei diesem Spiel werden die Kinder dazu ermutigt, mitzumachen und sich zugehörig zu fühlen. Sie brauchen über ihren Gesprächsbeitrag nicht nachzudenken und sind daher nicht schüchtern, wenn sie an der Reihe sind.

Spielmaterial

Zwei kleine Spielzeugtelefone

Spielverlauf

Wählen Sie zwei Kinder aus, um das Spiel zu beginnen, oder nehmen Sie zwei Freiwillige. Das Spiel geht so:

Die ganze Gruppe: Klingeling, klingeling
Kind A: Hallo, *(Name von Kind B)*, hier ist *(Name von Kind A)*.
Ich ruf nur an, um zu fragen, wie's dir geht.
Die ganze Gruppe: Klingeling, klingeling
Kind B: Danke, mir geht's gut, *(Name von Kind A)*.
Nett von dir, dass du anrufst.

Nun kommen zwei andere Spieler an die Reihe.

Bemerkungen

Diesen Ablauf sollten Sie einige Male üben und die Zahl der Anrufe auf sechs pro Spiel beschränken. Notieren Sie sich die Abfolge, damit jeder Spieler einmal an die Reihe kommen kann. Um auszuschließen, dass sich immer nur gute Freunde gegenseitig anrufen, können Sie die Namen der Kinder auf kleine Zettel schreiben und diese in eine Schachtel geben. Kind A zieht dann jeweils den Namen von Kind B, das angerufen wird.

Schau, was ich kann!

Schau, was ich kann!

In diesem Spiel kann jedes Kind einmal die Hauptrolle übernehmen und damit positive Beachtung erfahren, da es jeweils für eine Spielrunde Gruppenführer ist.

Spielmaterial

Keine Materialien notwendig

Spielverlauf

Lassen Sie die Kinder einige körperliche Tätigkeiten nennen, die im Spielkreis durchgeführt werden können, wie z. B. hüpfen, auf- und abspringen, in die Hände klatschen oder sich hochstrecken. Jedes Kind sucht sich der Reihe nach eine dieser Tätigkeiten aus und sagt zur Gruppe: „Ich heiße ... und ich kann ..." Es macht die Bewegungen vor und fragt dann die anderen: „Macht ihr mit?" Nun ahmen alle dieselben Bewegungen nach. Danach kommt ein anderer Spieler an die Reihe.

Bemerkungen

Dieses Spiel kann ziemlich lange dauern; daher ist es vielleicht ratsam, es über mehrere Spielstunden hinweg zu spielen.

Eine Variante: Sie spielen lebhafte Musik ab und rufen die Namen der Kinder der Reihe nach auf. Diese Kinder führen dann ihre Bewegungen im Rhythmus der Musik aus.

Tiere erraten

Tiere erraten

Dieses Spiel gibt den Kindern auf unterhaltsame Art die Möglichkeit, über ihre persönlichen Qualitäten nachzudenken.

Spielmaterial

Keine Materialien notwendig

Spielverlauf

Jedes Kind sucht sich ein Tier aus, das seiner Meinung nach ähnliche Eigenschaften wie es selbst besitzt. Die eine Hälfte der Gruppe bleibt auf ihren Plätzen, während sich die andere in der Kreismitte bewegt und das ausgesuchte Tier nachmacht. Ein sitzender Spieler kann aufstehen, einen Mitspieler berühren und dann raten, welches Tier er darstellt. Wenn die Vermutung richtig war, setzt sich das „Tier" auf seinen Platz. Das Spiel geht so lange weiter, bis alle Tiere erraten wurden. Dann tauschen die Spieler ihre Rollen.

Nach dieser Runde dürfen die Spieler Plätze tauschen, so dass Tiere der gleichen Kategorie nebeneinander sitzen, z. B. Baumbewohner, Pelz- oder Raubtiere. Beenden Sie das Spiel mit der Runde: „Wenn ich ein Tier sein könnte, wäre ich gern ..., weil ..."

Bemerkungen

Sobald die Kinder etwas mehr Erfahrung mit diesem Spiel gesammelt haben, können sie etwas eingehender über Charaktereigenschaften nachdenken. Es besteht auch die Möglichkeit, den Kindern bestimmte Eigenschaften vorzugeben, nach denen sie sich bewerten können, z. B.: Sind sie schüchtern oder draufgängerisch, bleiben sie gern für sich oder sind sie lieber mit anderen zusammen, sind sie besonders lebhaft oder eher ruhiger?

Postbote

Postbote

Dieses Spiel bietet jedem Spieler in einem unterhaltsamen Rahmen positive Beachtung durch die anderen.

Spielmaterial

Keine Materialien notwendig

Spielverlauf

Die Stühle sind für dieses Spiel nummeriert. Ein Kind, dessen Stuhl entfernt wird, steht in der Mitte des Kreises und sagt: „Hallo, ich bin der Postbote/die Postbotin und heiße ... Ich habe hier Briefe für Nummer ... und Nummer ..." Die Kinder auf den entsprechenden Stühlen stehen auf und versuchen, die Plätze zu wechseln. Zur gleichen Zeit versucht der Spieler in der Mitte, sich auf einen der freigewordenen Stühle zu setzen. Das Kind, das keinen Platz bekommen hat, geht nun in die Mitte.

Bemerkungen

Achten Sie darauf, dass jeder Spieler seine Platznummer kennt, bevor er sich setzt.

Namen raten

Das Spiel hat den Reiz der Neuheit. Es soll die Fähigkeit zur Selbsteinschätzung stärken.

Spielmaterial

Eine Aufzählung bestimmter Tonfälle, beispielsweise: „als ob man eine Million Euro bekommen hätte"; „als ob man ins eisige Wasser gesprungen wäre"; „als ob man auf sehr kleinem Raum eingezwängt wäre" oder „als ob man eine heiße Kartoffel im Mund hätte". Außerdem eine Augenbinde.

Spielverlauf

Beginnen Sie das Spiel mit einer Aufwärmrunde, in der die Kinder nacheinander ihre Namen so schnell wie möglich nennen. Wählen Sie dann einen Tonfall auf Ihrer Liste aus und lassen Sie die Runde mit dieser Vorgabe wiederholen. Spielen Sie einige Runden auf diese Weise.

Nun werden einem ausgewählten Kind die Augen verbunden. Das Kind (A) steht in der Kreismitte, während alle anderen im Kreis gehen. Auf Ihr Kommando bleiben sie stehen, das Kind in der Mitte berührt einen seiner Mitspieler (B) mit der Hand und fragt: „Wie heiße ich?" B nennt den Namen von A und A muss erraten, wer B ist. Wenn A richtig geraten hat, tauschen beide die Plätze. Falls Kind A falsch geraten hat, muss es mit anderen Spielern so lange weiterraten, bis es endlich jemanden errät.

In der letzten Spielrunde suchen sich alle Spieler einen Namen aus, den sie gern hätten. Wer dazu bereit ist, kann der Gruppe erklären, warum er gern so heißen würde.

Bemerkungen

Bevor ein Kind verrät, welchen Namen es gern hätte, sollte vereinbart werden, dass keine negativen Kommentare erlaubt sind. Möglicherweise ist es hilfreich, vorher über Beinamen zu diskutieren, um herauszufinden, wie verletzend solche Namen für den Einzelnen sein können und um sich vorstellen zu können, wie sich jemand fühlt, dem ein negativer Beiname gegeben wird.

Haie und Fische

Dieses Spiel erzeugt ein positives Gruppengefühl, da die Kinder über Dinge sprechen, die sie wirklich gern machen. Die Mitspieler erfahren mehr übereinander und lernen dabei, ihre Gemeinsamkeiten und Unterschiede gegenseitig zu respektieren.

Spielmaterial

Keine Materialien notwendig
Dieses Spiel benötigt aber einen großen Raum mit viel Freifläche zum Herumrennen.

Spielverlauf

Zwei Kinder spielen die Haie; die übrigen sind Fische. Markieren Sie eine Fläche als einen sicheren Ort. Die Fische „schwimmen" mit den Armen am Körper im Raum herum, machen mit den Händen Flossenbewegungen nach und öffnen und schließen den Mund wie Fische. Die Haie warten abseits. Wenn Sie pfeifen oder „Haie!" rufen, müssen die Fische versuchen, den sicheren Platz zu erreichen, während die Haie versuchen, sie zu fangen. Die Haie stellen ihre mächtigen Kiefer mit ihren Armen dar, die sie vor sich auf- und zuklappen. Sie fangen die Fische, indem sie ihren Rücken berühren. Ein gefangener Fisch scheidet aus und spielt in der nächsten Runde einen Hai. Das Spiel dauert so lange, bis alle Fische gefangen wurden.

Am Ende bilden die Kinder einen Kreis und berichten, was ihnen an diesem Spiel besonders gefallen hat. Fragen Sie sie dann nach anderen Spielen, die sie gern machen. Nacheinander sagen alle: „Ich spiele besonders gern ..., weil ..." und begründen ihre Antwort. Hierbei können Sie einen „Gesprächsgegenstand" verwenden.

Bemerkungen

Wenn ein Kind eine besonders ungewöhnliche oder interessante Variante dieses Spiels kennt, könnten Sie die anderen Kinder auffordern, nach den genaueren Details zu fragen.

Puzzles

Dieses Spiel gibt jedem Kind das Gefühl des eigenen Werts innerhalb der Gruppe.

Spielmaterial

Jeweils eine Postkarte für fünf Mitspieler
Schneiden Sie die Karten jeweils in fünf Teile und beschriften Sie zusammengehörende mit den gleichen Buchstaben.

Spielverlauf

Mischen Sie die Puzzleteile und geben Sie jedem Kind eines. Ohne zu reden, soll jeder Spieler die vier Mitspieler mit den Teilen finden, die zum Zusammensetzen einer Karte gebraucht werden. Sieger ist die Gruppe, die es als Erste schafft.

Bemerkungen

Dieses Spiel ist mit viel Spaß und fieberhafter Aktion verbunden, da ja die Schnellsten gewinnen. Es fördert außerdem zufällige Gruppenbildung. Anschließend können Sie entweder mit anderen Wettkampfspielen oder mit Rollenspielen weitermachen oder das Spiel wiederholen.

Papier, Schere, Stein – Knobeln mit Händen und Füßen!

Dieses Spiel bietet für jedes Kind die gleichen Startbedingungen.

Spielmaterial

Keine Materialien notwendig

Spielverlauf

Ein Kind beginnt das Spiel; es spielt mit seinem Sitznachbarn zur Linken. Alle Kinder zählen bis drei, dann zeigen die beiden Spieler entweder „Papier" (die flache Hand), „Schere" (gespreizte Zeige- und Mittelfinger für die geöffnete Schere) oder „Stein" (die geballte Faust). Die Regeln sind: Papier umwickelt Stein, Schere schneidet Papier und Stein macht Schere stumpf. Wenn beide Spieler das Gleiche zeigen, entscheidet eine zweite Runde. Der Gewinner fängt ein neues Spiel mit dem nächsten Kind zur Linken an. Das Spiel geht so lange im Kreis weiter, bis alle an der Reihe waren.

Bemerkungen

Das Spiel wird noch lustiger, wenn die Kinder die oben genannten Aktionen mit den Beinen ausführen – „Papier" (Beine zusammen), „Schere" (Beine gespreizt) und „Stein" (zusammengekauert). Auf Kommando springen die Kinder in die Luft und nehmen ihre Positionen ein, wenn sie auf dem Boden landen.

Wunschdenken

Dieses Spiel schafft und verstärkt eine Wohlfühl-Atmosphäre in der Gruppe. Der Fantasie sind dabei keine Grenzen gesetzt, alle Beteiligten erleben Vergnügen und Unterhaltung.

Spielmaterial

Ein Zauberstab

Spielverlauf

Die Kinder schlüpfen in die Rolle eines Zauberers, der der Gruppe einen beliebigen Wunsch erfüllen kann. Regen Sie die Kinder dazu an, ihrer Fantasie freien Lauf zu lassen. Die Kinder bekommen der Reihe nach den Zauberstab und sagen den Satz: „Ich wünsche mir, dass ..."

Bemerkungen

Dieses Spiel kann dazu führen, dass die Kinder eine ganze Wunschliste für die anderen anlegen: Geschenke, die sie anderen gern machen würden; Fähigkeiten, die sie anderen gern verleihen würden und Gefühle, die sie den anderen gern erlebbar machen würden. Wenn der Schwerpunkt innerhalb der Gruppe auf den positiven Gedanken liegt, entstehen Kameradschaft und eine gute Dynamik. Dieses Spiel macht viel Vergnügen und ist für etwas zurückhaltendere Kinder sehr reizvoll.

Fernbedienung

Dieses Spiel fördert Selbsterkenntnis und verlangt Aufmerksamkeit und die Fähigkeit, Anweisungen auszuführen.

Spielmaterial

Eine Fernbedienung

Spielverlauf

Erzählen Sie den Kindern, dass Sie mit Hilfe der Fernbedienung Anweisungen für Bewegungen geben werden. Die Tasten auf dem Gerät sollten Folgendes bedeuten:

Start – in normalem Tempo vorwärts gehen
Schnelllauf – auf der Stelle rennen
Zurück – vorsichtig rückwärts gehen
Pause – kurz anhalten
Langsam – langsam vorwärts gehen
Stopp – das Spiel beenden

Geben Sie nun die Befehle.

Bemerkungen

Mit den Kommandos *Pause* bzw. *Langsam* können Sie wieder mehr Ruhe in das Spiel bringen, falls die Kinder zu aufgeregt werden. Sobald die Selbstkontrolle der Spieler gut funktioniert, können sie der Reihe nach die Anweisungen geben.

Königsbefehl

Königsbefehl

Dieses Spiel macht Spaß und bietet jedem Spieler positive Beachtung durch die anderen.

Spielmaterial

Eine Krone aus Papier oder Plastik und ein zusammengerolltes Papier

Spielverlauf

Die Kinder sollen sich vorstellen, sie wären Könige und könnten jeden nur möglichen Befehl an ihre Untertanen öffentlich verkünden lassen, gleichgültig, wie widersinnig er auch wäre. Was zählt, ist, die Fantasie der Kinder anzuregen und sich zu amüsieren. Vielleicht sollten Sie einige Beispiele geben:

Ich bin die Königin und ich befehle, dass alle meine Untertanen an Dienstagen rosa Hüte tragen müssen.

Ich bin der König und ich befehle, dass alle meine Untertanen zum Frühstück Sardinen mit Marmelade essen müssen.

Jedes Kind verkündet seinen Befehl, wenn es Krone und Papierrolle bekommt.

Bemerkungen

Diese Art von Spiel eignet sich gut, die Kinder aufzuheitern und ihnen an einem trüben Tag etwas Vergnügen zu bereiten. Wenn Sie wollen, können Sie das Spiel auf einer ernsteren Ebene fortsetzen und mit den Kindern über die Pflichten eines wirklichen Königs sprechen und danach zu den Pflichten überleiten, die sie selbst haben und wie sie damit umgehen.

Selbstlob

Selbstlob

Dieses Spiel macht Kindern Mut, sich auf ihre positiven Eigenschaften zu konzentrieren. Über sich selbst Gutes zu sagen ist oft schwierig. Trotzdem macht es ein gesundes Selbstbewusstsein aus, über die eigenen positiven Qualitäten Bescheid zu wissen und sie von den anderen anerkennen zu lassen.

Spielmaterial

Eine leere Plastikflasche

Spielverlauf

Die Kinder bringen der Reihe nach die Flasche zum Kreiseln. Der Spieler, auf den der Flaschenhals schließlich zeigt, nennt eine Tätigkeit, die er wirklich gern mag und in der er auch gut ist.

Bemerkungen

Wenn die Gruppe sehr groß ist und das Spiel zu lange dauern würde, können Sie sich von einem anderen Erwachsenen helfen lassen und zwei Gruppen bilden.

Miesmacher

Bei diesem Spiel können Kinder allmählich lernen, wie man mit Dingen im Leben umgeht, die man nicht mag. Wie weit Sie damit gehen wollen, hängt vom Reifegrad der Gruppe ab.

Spielmaterial

Ein Flipchart und ein Stift

Spielverlauf

Die Kinder sollen anfangs alles aufzählen, was sie überhaupt nicht mögen. Das könnten Speisen sein oder irgendwelche Tätigkeiten, Gegenstände oder Tiere. Schreiben Sie auf dem Flipchart mit. Dann fragen Sie die Kinder, was sie gern mit den genannten Dingen oder Tätigkeiten machen würden, z. B. „sie verbieten lassen", „sie in die Mülltonne werfen", „sie in der Erde vergraben", „sie ganz tief im Wasser versenken". Die Gruppe kann auch einen „Super-Miesmacher" wählen: Jedes Kind verfügt über eine Stimme, die sie aber nicht dem eigenen Vorschlag geben darf.

Bemerkungen

Sie können das Spiel weiterentwickeln, indem Sie die Kinder reale Möglichkeiten zum Umgang mit dem, was sie nicht mögen, suchen lassen. Manchmal wird dazu Mut, Ehrlichkeit oder Selbstbeherrschung verlangt. Eventuell bringen Sie ein Thema zur Sprache, das die Gruppe betrifft, wie etwa „gehänselt werden". Oder die Kinder schlagen selbst ein Thema vor, das ihnen wichtig ist. In diesem Fall sollte allerdings vorab vereinbart werden, dass keine Namen in negativer Weise genannt werden dürfen. Es sollte nur über Zustände oder Ereignisse, nicht über Personen gesprochen werden. Für den Fall, dass Sie einen Gesprächsgegenstand für die allgemeine Diskussion ungeeignet finden, sollten Sie ein privates Gespräch vereinbaren.

Weitere Aktivitäten

Weitere Aktivitäten

Worauf ich stolz bin

Schneiden Sie für jeden Mitspieler aus Karton einen „Ziegel" aus. Jedes Kind schreibt darauf seinen Namen und notiert eine Tat, auf die es stolz ist. Das könnten eine gute Schularbeit sein oder etwas, was man gelernt hat, z. B. schwimmen oder auch eine nette Geste einem anderen gegenüber. Die Kinder können aus den „Ziegeln" eine Wand oder ein Haus bauen und das Ergebnis aushängen.

Mein Wappen

Jedes Kind bekommt ein großes Blatt Papier, auf dem es das eigene Wappen entwerfen kann. Das Wappen kann in vier Teile gegliedert werden und die Kinder können selbst den Inhalt der Viertel bestimmen. Möglich wären: „Meine Familie", „Was ich gern mache", „Worin ich gut bin", „Mein Lieblingsessen". Die Kinder können schreiben oder zeichnen.

Sterne am Nachthimmel

Schneiden Sie für jedes Kind einen Stern aus, der groß genug ist, um den Namen und einen Satz darauf zu schreiben. Die Kinder dürfen eine ihrer Leistungen während der Woche aufschreiben; das kann ihre Schularbeit, eine körperliche Leistung oder ihr Verhalten betreffen. Die Sterne werden anschließend auf einen dunklen Hintergrund geklebt.

Bildergalerie

Die Kinder zeichnen sich entweder selbst oder bringen ein Foto mit, das auf ein großes Stück Kartonpapier geklebt wird. Um das Bild oder Foto herum werden positive Selbstaussagen gruppiert. Das Ergebnis wird ausgestellt.

Daumenabdruck

Jedes Kind macht einen Abdruck seines Daumens auf Papier. Beim Vergleich der Daumenabdrücke sehen sie, wie verschieden voneinander und einzigartig sie sind. Mit Filzstiften kann man aus den Daumenabdrücken lustige Tiere machen.

Mit Partnern in der Gruppe arbeiten

Gemeinsam mit einem Partner traut man sich oft mehr, als wenn man allein im Mittelpunkt der Aufmerksamkeit steht. Abseits vom „Rampenlicht" können sich schüchterne Kinder eher entspannen und auf ihre Fähigkeiten zu einem positiven Beitrag vertrauen. Die Aufmerksamkeit der Gruppe gilt ihnen und ihren Partnern. Partnerarbeit macht es leichter, sich über die Arbeit auszutauschen und sich voll beteiligt zu fühlen. Versuchen Sie, darauf zu achten, dass die Kinder mit wechselnden Partnern arbeiten, um mit jedem Mitglied der Gruppe vertrauter zu werden. Einige der Spiele in diesem Buch eignen sich gut dafür, auf unterhaltsame Art Gruppen zu bilden.

Paare bilden

Dieses Spiel vermittelt die Einsicht, dass es zwischen Menschen Gemeinsamkeiten und Unterschiede gibt und führt Kinder gleichzeitig in die Partnerarbeit ein.

Spielmaterial

Kartenpaare (z. B. bei zehn Spielern fünf Kartenpaare)
Für jüngere Kinder können Sie Bildkarten (s. S. 136) verwenden, für ältere Spielkarten.

Spielverlauf

Mischen Sie die Karten und teilen Sie sie aus. Wenn die Spielerzahl ungerade ist, nehmen Sie selbst auch eine Karte. Sagen Sie den Kindern, dass sie den Spieler mit der zu ihrer Karte passenden finden sollen. Wenn sich die Paare gebildet haben, sollen sie herausfinden, welche Speise sie alle beide besonders gern essen. Sobald sie fertig sind, setzen sie sich hin und verschränken die Arme. Nun sammeln Sie die Karten wieder ein, mischen sie erneut und teilen sie aus. In dieser neuen Spielrunde sollen die Partner, die zusammenkommen, herausfinden, welches Tier sie beide gern mögen.

Bemerkungen

Sie können je nach Alter der Spieler verschiedene Kategorien verwenden, z. B. Filme, Popstars oder Bücher.

Bildergeschichten

Bildergeschichten

Dieses Spiel wird in Partnerarbeit gemacht. Die Kinder brauchen dazu sprachliche Fertigkeiten, Fantasie und Konzentrationsfähigkeit.

Spielmaterial

Für jedes Paar sechs Einzelbilder, die zusammengesetzt eine Bildergeschichte ergeben (s. S. 137 und 138)

Spielverlauf

Die Partner sollen die einzelnen Bilder in der richtigen Reihenfolge zusammensetzen. Wenn die Aufgabe gelöst ist, dürfen die Schüler die Geschichte erzählen.

Bemerkungen

Die Kinder können auch eigene Bilder für eine solche Bildergeschichte zeichnen.

Den anderen zum Lachen bringen

Dieses Spiel ermöglicht Kindern, Vertrauen in ihre eigenen Fähigkeiten zu gewinnen. Es macht Spaß und kann zur Aufheiterung bei schlechtem Wetter dienen.

Spielmaterial

Keine Materialien notwendig

Spielverlauf

Bilden Sie Partnergruppen. Abwechselnd sollen die Spieler nun versuchen, ihre Partner zum Lachen zu bringen. Sie können Grimassen schneiden oder Witze erzählen, dürfen den anderen aber nicht berühren. Die Partner müssen versuchen, so lange wie möglich ernst zu bleiben. Jeder hat abwechselnd mehrere Versuche.

Bemerkungen

Kinder, die Schwierigkeiten haben, sich zu konzentrieren, können etwas lesen, während ihr Partner versucht, sie auf sich aufmerksam zu machen.

Schreiben Sie eine Aufzählung von allem, was die Kinder zum Lachen gebracht hat. Sie können auch eine Witzrunde einlegen, in der die Kinder ihre Lieblingswitze erzählen dürfen.

Spieglein, Spieglein ...

Spieglein, Spieglein ...

Dieses Spiel fördert die Zusammenarbeit,
weil die Kinder ihre Partner genau beobachten müssen.

Spielmaterial

Keine Materialien notwendig

Spielverlauf

Die Kinder stehen sich paarweise gegenüber und blicken einander in die Augen. Einer der Partner fängt an, Bewegungen zu machen, die vom anderen Spieler exakt kopiert werden müssen. Um den Anfang zu erleichtern, sollten die Bewegungen erst langsam ausgeführt werden und dann immer schneller, je besser der Partner sie nachmachen kann.

Bemerkungen

Mit etwas Erfahrung können die Kinder auch kleinere Bewegungen einsetzen, wie etwa den Gesichtsausdruck verändern oder nur einen Finger rühren. Fragen Sie die Kinder nach dem Spiel, wie es ihnen gefallen hat und was der schwierigste Teil daran war. Die Partner könnten auch ein kurzes Bewegungsspiel einstudieren, um ihre Fähigkeiten zu zeigen.

In die Hand „schreiben"

Dieses Spiel erfordert eine enge Partnerarbeit, Konzentration und Körperkontakt.

Spielmaterial

Keine Materialien notwendig

Spielverlauf

Jeweils ein Partner schließt die Augen, der andere schreibt ihm langsam mit einem Finger ein Wort in die Handfläche. Anfangs sollten die Wörter nur kurz sein und besonders sorgfältig und genau geschrieben werden. Wenn der Partner das Wort beim ersten Mal nicht errät, wird der Versuch wiederholt.

Bemerkungen

Bei einem ähnlichen Spiel sitzt ein Kind mit verbundenen Augen in der Mitte des Kreises. Leise wird ein Spieler ausgesucht, der seinen Namen in die Hand des Kindes schreibt. Wenn der Name dieses Spielers erraten wird, tauschen die beiden die Plätze; wenn nicht, schreibt ein anderer Spieler seinen Namen.

Ja oder Nein

Ja oder Nein

Für dieses Spiel brauchen die Kinder sprachliche Fähigkeiten und schöpferisches Denken. Es hilft ihnen, sich auf wichtige Fragen zu konzentrieren und Informationen richtig einzuordnen.

Spielmaterial

Ein Kartenspiel, das gebräuchliche Gegenstände in Wort oder Bild zeigt (s. S. 136 und 139)

Spielverlauf

Je einer der Partner zieht verdeckt eine Karte. Die anderen Spieler sollen versuchen, den darauf geschriebenen oder dargestellten Gegenstand zu erraten, indem sie Fragen dazu stellen. Diese Fragen dürfen nur mit „ja" oder „nein" beantwortet werden. Wenn sie richtig geraten haben, werden die Rollen getauscht und eine neue Karte wird gezogen.

Bemerkungen

Es ist hilfreich, zu Beginn des Spiels mit den Kindern über die Art von Fragen zu sprechen, die schneller zur richtigen Lösung führen. Einige werden diese kurze Anleitung brauchen.

Überschrift finden

Dieses Fantasiespiel fördert die Zusammenarbeit, den sprachlichen Ausdruck und das Zuordnen von visuellen Informationen.

Spielmaterial

Illustrationen aus Zeitungen und Zeitschriften und dazu passende Überschriften

Spielverlauf

Schneiden Sie vor der Spielstunde die Überschriften aus und bewahren Sie sie separat auf. Jedes Paar erhält eine Illustration, die Überschriften werden alle in die Mitte gelegt. Die Kinder sollen zu ihrer Illustration den passenden Titel finden und versuchen, die Geschichte herauszuarbeiten, die dahinter steckt.

Bemerkungen

Sie können den Kindern auch die Überschriften geben und sie die Illustrationen dazu suchen lassen. Oder Sie geben die Illustrationen aus und die Kinder sollen Überschriften dazu erfinden. Dazu können Sie mit ihnen vorher besprechen, in welcher Weise Überschriften die Aufmerksamkeit des Lesers wecken und was die Kinder beim Erfinden eigener Überschriften beachten sollten.

Bilder sagen mehr als 1000 Worte

Dieses Spiel trägt zur Entwicklung sprachlicher Fähigkeiten und schöpferischen Denkens bei. Es bereitet Kindern großes Vergnügen.

Spielmaterial

Kleine Zettel, auf denen Substantive stehen
Pro Partnerpaar werden drei Zettel benötigt (s. S. 140).
Außerdem ein Flipchart und ein Stift

Spielverlauf

Jedes Paar erhält drei Zettel. Aus den Wörtern darauf soll jeweils ein interessanter Satz gebildet werden. Nachdem sie diese Aufgabe beendet haben, setzen sich die Kinder wieder in den Kreis. Die Paare stellen nun nacheinander ihre Sätze durch Zeichnungen auf dem Flipchart und durch Mimik und Gestik dar. Die anderen sollen die Sätze erraten.

Bemerkungen

Achten Sie darauf, ob die Kinder begriffen haben, dass sie aus den drei Begriffen nur einen Satz bilden sollen. Sie können auch einen Wettbewerb für den längsten oder lustigsten Satz veranstalten.

Mit Lauten locken

Dieses Spiel fördert das Gefühl, von der Gruppe unterstützt zu werden und ihr vertrauen zu können. Die Kinder müssen dabei gut zuhören.

Spielmaterial

Drei Augenbinden

Spielverlauf

Die Kinder sollen sich in Partnerarbeit Laute ausdenken, die sie nachahmen und erkennen können. Drei Paare, die sich freiwillig gemeldet haben, gehen in die Mitte des Kreises. Jeweils einem der Partner werden die Augen verbunden und sie bleiben dort stehen. Die anderen reihen sich wieder in den Kreis ein. Von dort aus rufen sie ihre Partner mit dem Laut, den sie vereinbart haben. Die Kinder mit den verbundenen Augen hören genau hin und bewegen sich dann vorsichtig zu der Stelle, an der sie ihren Partner vermuten. Die anderen Mitspieler sorgen behutsam dafür, dass sie den Kreis nicht verlassen. Das Spiel wird fortgesetzt, bis alle Kinder an der Reihe waren.

Bemerkungen

Wenn Sie genügend Mut aufbringen, Lärm aushalten und wissen, dass ihre Kinder vernünftig sind, können Sie das Spiel auch so durchführen, dass die gesamte Gruppe in einer Runde beteiligt ist. Statt mit Stimmlauten kann auch mit verabredeten Klatschsignalen gespielt werden.

Würstchen

Würstchen

Dieses Spiel erfordert Konzentrationsfähigkeit und Erfindungsreichtum und ist sehr unterhaltsam.

Spielmaterial

Eine Stopp- oder Eieruhr

Spielverlauf

Die Kinder sitzen sich paarweise gegenüber. Zwei oder drei Minuten lang stellt ein Spieler dem anderen Fragen, auf die er nur die Antwort „Würstchen" bekommt. Spielziel ist, den Partner zum Lachen zu bringen und dadurch Punkte zu sammeln; je verrückter die Frage ist, desto besser:

Wie heißt deine Freundin?
Womit putzt du dir die Zähne?
Was schaut da aus deinem Ohr heraus?

Das Spiel kann über mehrere Runden mit wechselnden Partnern gespielt werden. Sieger ist, wer die meisten Punkte sammeln konnte.

Bemerkungen

Sie können das Spiel auch als Ausscheidungswettbewerb spielen: Nur die Sieger einer Runde spielen weiter, bis einer als „Würstchenchampion" übrig bleibt.

Roboter dirigieren

Dieses Spiel fördert Vertrauen und Zusammenarbeit.
Die Kinder setzen dabei Fantasie und Konzentration ein.

Spielmaterial

Keine Materialien notwendig
Das Spiel sollte in einem großen Raum stattfinden, in dem sich die Kinder frei bewegen können.

Spielverlauf

Erläutern Sie den Paaren, dass einer der Spieler ein Roboter ist und der andere ihm Anweisungen zur Fortbewegung geben soll. Nennen Sie geeignete Beispiele für solche Kommandos, z. B. „drei Schritte vorwärts gehen", „nach links gehen", „so tun, als ob man eine Treppe hinaufgeht", „stehen bleiben" und „sich im Schneidersitz auf den Boden setzen".

Bemerkungen

Sie können dieses Spiel weiterentwickeln, indem Sie die Kinder genaue Schritt-für-Schritt-Anweisungen aufschreiben lassen, damit sich der Roboter von einem Raum im Gebäude in einen anderen bewegen kann. Dann wird eine eigene Spielstunde geplant, in der das ausprobiert werden darf.

Simultan sprechen

Simultan sprechen

Dieses Spiel fördert auf vergnügliche Weise das Hörverständnis.

Spielmaterial

Verwenden Sie eventuell vorbereitete Texte, wenn sie glauben, dass die Kinder beim Improvisieren Schwierigkeiten haben werden.

Spielverlauf

Die Kinder sprechen abwechselnd und ihre Partner versuchen, das Gesagte simultan möglichst genau zu wiederholen. Beide sollten dabei auf ihre Lautstärke achten. Als letzte Spielrunde könnten Freiwillige vorführen, wie gut sie das schaffen.

Bemerkungen

Das Thema „Zuhören" kann durch ein Gespräch über wichtige Techniken für diese Fähigkeit vertieft werden. Die Kinder sollen versuchen, möglichst leise zu sein und alle Geräusche bewusst zu hören, die sie sonst gar nicht wahrnehmen. Eine andere Möglichkeit ist, dass Sie vier oder fünf Partnergespräche gleichzeitig ablaufen lassen und dann die anderen Kinder fragen, was ihnen davon im Gedächtnis geblieben ist.

Geheimzeichnung erraten

Dieses Spiel schult das Hörverständnis, die Konzentrationsfähigkeit und den sprachlichen Ausdruck.

Spielmaterial

Papier und Stifte

Spielverlauf

Die Partner sitzen Rücken an Rücken. Jeder Spieler fertigt eine einfache Strichzeichnung an, ohne sie dem anderen zu zeigen. Dann gibt einer dem anderen genaue Anweisungen, wie die Zeichnung nachgezeichnet werden soll. Wenn das geschehen ist, werden das Original und die Kopie verglichen. In der zweiten Runde werden die Rollen getauscht.

Bemerkungen

Falls Sie mit etwas jüngeren Kindern arbeiten, führen Sie am besten vor, wie es geht. Nach dem Spiel können die Kinder darüber sprechen, was ihnen schwerer gefallen ist – Anweisungen geben oder erhalten – und wobei sie sich am meisten konzentrieren mussten. Man kann das Thema auch erweitern und die Kinder beispielsweise ausführliche Anleitungen zur Teezubereitung oder zum Haarewaschen ausarbeiten lassen.

Blinde führen

Blinde führen

Das Spiel eignet sich sehr gut, Vertrauen und Kooperationsbereitschaft aufzubauen. Die Kinder machen sich Gedanken über das Wohl der anderen und sie erfahren, wie man sich fühlt, wenn man die Sorge für das eigene Wohlergehen anderen anvertraut.

Spielmaterial

Einige Augenbinden und mehrere Gegenstände, die als Hindernisse dienen

Spielverlauf

Gestalten Sie einen Hindernisparcours in gerader Linie oder im Kreis. Er sollte relativ leicht zu bewältigen sein. Fragen Sie die Kinder, ob sie lieber um das Hindernis herumgehen oder darüber steigen wollen. Einem der Partner werden die Augen verbunden, der andere muss darauf achten, ihn mit aller Sorgfalt über die Hindernisse zu führen. Sie dürfen dabei verbale Anweisungen geben oder ihre Partner an der Hand führen. Wenn alle Hindernisse bewältigt sind, tauschen beide die Rollen.

Bemerkungen

Achten Sie darauf, dass sich die Kinder ihrer Verantwortung für den Partner bewusst werden. Sie dürfen nicht zu schnell vorwärts gehen und müssen stehen bleiben, wenn sich die Geführten unsicher fühlen und wieder Vertrauen fassen müssen. Diskutieren Sie nach dem Spiel mit den Kindern darüber, wie sie sich in beiden Rollen gefühlt haben und was ihnen beim Führen und Geführt-Werden Vertrauen gegeben hat. Konnten sich die Führer in die Lage der Geführten hineinversetzen, bevor sie selbst an die Reihe kamen? Das könnte ein guter Ausgangspunkt für ein Gespräch über Mitgefühl sein und darüber, dass man sich schwer vorstellen kann, wie sich andere fühlen, wenn man nicht selbst die gleichen Erfahrungen gemacht hat.

Sich mit Geschichten übertreffen

Durch dieses Spiel werden Kommunikations- und Konzentrationsfähigkeit auf unterhaltsame Art und Weise angeregt.

Spielmaterial

Keine Materialien notwendig

Spielverlauf

Die Partner suchen sich eine bekannte Geschichte aus, die sie einander gleichzeitig erzählen. Jeder soll versuchen, die Geschichte so spannend und lebendig zu erzählen, dass der andere zu sprechen aufhört und ihm zuhört. Derjenige, dem das gelingt, bekommt einen Punkt. Dann wird der Partner gewechselt und eine neue Spielrunde beginnt. Sieger und Meister im Geschichten-Erzählen ist der Spieler mit den meisten Punkten.

Bemerkungen

Die Kinder sollten vor dem Spiel darauf hingewiesen werden, dass es nicht darum geht, wer am lautesten schreien kann, sondern dass sie die Aufmerksamkeit ihres Partners durch ihre interessante Erzählweise gewinnen müssen. Lassen Sie nach dem Spiel die Kinder darüber berichten, wie sie es geschafft haben, ihren Partner zum Zuhören zu bewegen.

Weitere Aktivitäten

Weitere Aktivitäten

Körperumriss zeichnen

Die Kinder legen sich abwechselnd auf ein sehr großes Blatt Papier und ihre Partner zeichnen den Körperumriss nach. Die Zeichnungen können ausgeschnitten und ausgestellt werden.

Karten für besondere Gelegenheiten entwerfen

Die Kinder arbeiten paarweise und gestalten Karten für einen Anlass, den sie sich aussuchen dürfen. Dabei sollen sie den Text für die Karte mit besonderer Sorgfalt verfassen.

Poster gestalten

Jedes Kind stellt die guten Eigenschaften seines Partners auf einem Poster dar. Motivieren Sie die Kinder, dabei auch eingängige Slogans zu verwenden.

Auswege aus einer misslichen Situation finden

Notieren Sie auf einem Flipchart eine Reihe von moralischen Fehltritten. Möglich wären:

Du siehst, wie ein Freund in einem Geschäft etwas stiehlt.
Du beobachtest, wie jemand auf dem Spielplatz gehänselt wird.
Eine Freundin ist von zu Hause weggelaufen und du weißt, wo sie steckt.
Ein Freund von dir hat bei einer Schularbeit ‚gespickt'.

Die Situationen sollten altersgemäß sein. Jedes Paar beschäftigt sich mit einer ausgewählten „Zwickmühle". Am Ende können sie den anderen ihre Entscheidungen vorstellen.

Bildergeschichten zeichnen

Geben Sie den Partnern Comics zum Ansehen. Sie sollen dabei besonders auf die Figuren und ihre Sprache achten. Dann können sie sich selbst eine Bildergeschichte ausdenken, entweder mit erfundenen Figuren oder sich selbst als Hauptpersonen. Pro Bildergeschichte sollten etwa sechs Bilder gezeichnet werden.

Gruppenidentität aufbauen

Die Spiele in diesem Kapitel ermutigen die einzelnen Kinder, sich als integrierte Mitglieder einer Gruppe zu fühlen. Sie unterstützen die Gruppendynamik und verschaffen jedem Kind positive Rückmeldung von der Gruppe.

Bauklotz-Wettbewerb

Dieses Spiel fördert eine positive Einstellung und Freundschaft unter den Gruppenmitgliedern, während die Kinder nach den Angehörigen ihrer Farbgruppe suchen. Der Wettkampffaktor ist als Anreiz gedacht, um die Kinder auch zur Kooperation mit Spielern zu bewegen, mit denen sie sich nicht besonders gut verstehen.

Spielmaterial

Ein Beutel mit Bauklötzen in fünf oder sechs verschiedenen Farben

Spielverlauf

Jeder Spieler nimmt einen beliebigen Bauklotz aus dem Beutel, ohne hineinzuschauen. Nun müssen sich alle, die die gleiche Farbe bekommen haben, zu einer Gruppe zusammenfinden, die Bauklötze aufeinander stapeln, sich an den Händen fassen und auf den Boden setzen. Gewonnen hat die Gruppe, die als Erste sitzt. Auf diese Weise können mehrere Runden gespielt werden.

Bemerkungen

Das Einsammeln macht mehr Spaß, wenn jede Gruppe beim Zurückbringen ihrer Klötze eine andere Fortbewegungsart wählt.

Softball-Wurfspiel

Softball-Wurfspiel

Dieses Spiel verlangt Konzentration und genaue Beobachtungsgabe. Die ganze Gruppe nimmt gleichzeitig am Spiel teil.

Spielmaterial

Ein Ball aus Schaumgummi

Spielverlauf

Lassen Sie die Kinder zunächst den Ball untereinander hin- und herwerfen, um zu sehen, ob der Kreis die richtige Größe hat. Dann geben Sie ein Thema vor, beispielsweise „Sachen für ein Picknick" oder „Namen von Popgruppen". Jedes Kind, dem der Ball zugeworfen wird, sagt ein Wort zu diesem Thema. Wenn einem Spieler einmal gar nichts einfällt, kann er den Ball mit „Weiter!" abgeben.

Bemerkungen

Bei Kindern, die den Ball noch nicht gut werfen und fangen können, wird der Ball zwischen den Spielern gerollt.

Applausrunde

Es tut gut, von Gleichaltrigen Anerkennung zu bekommen und dieses Spiel schafft die Gelegenheit dazu. Einige Kinder erleben das wohl nicht allzu häufig.

Spielmaterial

Jedes Kind braucht einen eigenen auswendig gelernten Satz, den es aufsagen kann. Er könnte Teil des Lernstoffs sein oder aus einer schriftlichen Arbeit des Spielers stammen. Jüngere Kinder können etwas herzeigen, das sie selbst gemacht haben.

Spielverlauf

Die Kinder stehen der Reihe nach auf und sagen ihren Satz. Danach zeigen alle Spieler ihre Anerkennung durch lautes Klatschen.

Bemerkungen

Versuchen Sie auch, andere Situationen zu finden, in denen die Kinder von Gleichaltrigen Beifall ernten können. Das bedeutet für ein Kind oft mehr als das Lob eines Erwachsenen und wirkt sich sehr günstig auf seine Entwicklung aus.

Kartenquartett

Kartenquartett

Dieses amüsante Spiel vermittelt ein Gefühl der Zugehörigkeit, wenn sich die Mitglieder einer Gruppe zusammenfinden. Es fördert auch Beobachtungsgabe und Konzentrationsfähigkeit.

Spielmaterial

Ein Kartenquartett, z. B. Tiere, geometrische Formen, Farben oder Blattformen (s. S. 141)
Normale Spielkarten, bei denen gleiche Farben zusammengestellt werden müssen oder andere Karten mit verschiedenen Kategorien

Spielverlauf

Zeigen Sie zuerst den Kindern die Karten, damit sie mit den Abbildungen darauf vertraut werden. Jedes Kind bekommt dann eine Karte. Auf Ihr Kommando stehen alle auf, bewegen sich innerhalb des Kreises hin und her und tauschen ihre Karten so oft wie möglich untereinander aus. Wenn Sie „Stopp!" rufen, soll jeder Spieler die anderen Mitglieder seiner Kartengruppe so schnell und leise wie möglich finden.

Bemerkungen

Dieses Spiel kann ein guter Ausgangspunkt für ein Gespräch über verschiedene soziale Gruppen sein, vor allem, wenn die Kinder unterschiedliche Nationalitäten haben. Das ist eine positive Erfahrung für alle, die sich wegen kultureller Unterschiede ausgegrenzt fühlen.

Alibis

Bei diesem Spiel müssen die Kinder zusammenarbeiten, um gemeinsam ein Ziel zu erreichen.

Spielmaterial

Ein Flipchart mit 20 Linien, die für 20 Punkte stehen, und ein Stift

Spielverlauf

Nehmen Sie vor dem Spiel vier Kinder beiseite, die normalerweise nicht zusammenarbeiten würden, und sagen Sie ihnen, dass sie eines Verbrechens angeklagt würden. Sie müssten für die Tatzeit genaue Alibis vorweisen. Geben Sie ihnen eine Viertelstunde Zeit, in der sie in einer ruhigen Ecke ihre Alibis ausarbeiten können. Das Verbrechen kann so abstrus sein wie Sie wollen, z.B. einen Eimer Wasser so über der Tür angebracht zu haben, dass der Lehrer beim Hereinkommen nass wurde.

Die übrigen Spieler bilden ein Detektivteam, das die vier Verdächtigen verhört, um möglicherweise Widersprüche bei ihren Aussagen aufzudecken. Bevor das Spiel beginnt, warten die vier Verdächtigen an einem sicheren Platz außerhalb des Spielzimmers. Sie werden einzeln hereingerufen. Die Detektive stellen Fragen, die sich auf das Vergehen beziehen, und müssen sich die Antworten merken. Wann immer die Aussage eines Verdächtigen nicht mit der eines anderen übereinstimmt, wird ein Punkt auf dem Flipchart ausgestrichen. Allerdings darf dieselbe Einzelheit nur einmal gezählt werden. Wenn also beispielsweise Verdächtiger Nummer zwei eine falsche Zeit angibt, können die Zeitangaben von Nummer drei und Nummer vier nicht mehr mit Punktabzug bestraft werden. Die Detektive müssen durch neue Fragen weitere Ungereimtheiten aufdecken. Wenn den Verdächtigen 20 Punkte abgezogen werden können, wandern sie ins Gefängnis und das Spiel ist zu Ende.

Bemerkungen

Nachdem eine verdächtige Person befragt wurde, sollte sie sich am besten mit dem Blick nach außen hinsetzen, so dass sie zwar zuhören, aber den anderen Befragten keine Zeichen geben kann.

Wortduett

In diesem Spiel werden mit Hilfe sprachlicher Fertigkeiten Konzentrationsfähigkeit und Beobachtungsgabe gefördert.

Spielmaterial

Farbige Karten, auf denen einzelne Substantive stehen, von denen sich immer zwei zu einem Wort zusammensetzen lassen, z. B. Schlaf/Zimmer, Seifen/Schaum, Tisch/Beine, Sand/Kasten, Hand/Schuhe, Verkehrs/Ampel, Treppen/Stufe, Tür/Klinke, Schaukel/Stuhl, Nadel/Wald, Sonnen/Strahl, Auto/Reifen, Mai/Käfer, Geld/Schein.
Die ersten Wortteile kommen auf Karten gleicher Farbe, die zweiten ebenso.

Spielverlauf

Jeder Spieler erhält eine Karte. Sie erklären, dass immer zwei Karten ein zusammengesetztes Wort ergeben und dass ein Spieler den anderen mit der entsprechenden Karte finden muss, so dass sie das gesuchte Wort bilden können.

Bemerkungen

Wählen Sie nur Worthälften aus, die eindeutig zugeordnet werden können. Wenn trotzdem einige Kinder am Ende ohne einen Partner sind, lassen Sie die gefundenen Wörter laut vorlesen. Eventuell findet sich doch eine mögliche Zusammensetzung, die aber nicht geplant war. Loben Sie in diesem Fall die Kinder zuerst, ein richtiges Wort gebildet zu haben, dann erklären Sie ihnen, dass sie trotzdem ihre Partner wechseln sollen, damit alle Wörter zusammengesetzt werden können.

Fragestunde

Fragestunde

In diesem Spiel kommt jedes Kind garantiert an die Reihe. Es macht schüchternen Kindern Mut, vor versammelter Mannschaft zu sprechen.

Spielmaterial

Ein Flipchart und ein Stift; außerdem Zettel mit den Namen der Kinder

Spielverlauf

Die Kinder sollen sich allgemeine Fragen ausdenken, wie z. B.:

Was ist deine Lieblingsspeise/deine Lieblingssendung im Fernsehen/dein Lieblingssänger/dein liebstes Hobby?
Wohin würdest du gern reisen?
Welche berühmte Person würdest du gern treffen?
Was würdest du dir wirklich gern kaufen?

Notieren Sie diese Fragen auf dem Flipchart. Dann teilen Sie wahllos die Zettel aus, so dass jedes Kind einen Zettel mit dem Namen eines anderen Spielers erhält. Jedes Kind stellt der Reihe nach dem entsprechenden Mitspieler eine Frage vom Flipchart, die es selbst bestimmen darf. Die Frage soll mit dem Namen des Kindes beginnen.

Bemerkungen

Schließen Sie beim Aufschreiben der Fragen sensible Themen aus.

Blitzgruppen

Dieses Spiel fördert die Zusammenarbeit in der Gruppe.
Ziel ist es, die Kinder dazu zu bringen,
Gruppen nicht nur mit ihren guten Freunden zu bilden.

Spielmaterial

Keine Materialien notwendig

Spielverlauf

Die Kinder stellen sich in der Kreismitte durcheinander auf. Sie rufen abwechselnd Zahlen von zwei bis fünf und die Kinder sollen Gruppen mit dieser Spielerzahl bilden. Das soll schnell geschehen, ohne dass sie zuerst Ausschau nach ihren Freunden halten.

Bemerkungen

Sie können das Spiel weiterentwickeln, indem Sie festlegen, dass jede neu gebildete Gruppe eine stumme Szene darstellt, z. B. in einem Krankenhaus, im Restaurant, bei einer Hundeausstellung oder einem Popkonzert. Wenn Sie „Versteinern!" rufen, sollen die Spieler in ihren Positionen erstarren.

Audienz beim König

In diesem Spiel müssen die Kinder zusammenarbeiten, wenn sie ein gemeinsames Ziel erreichen wollen.

Spielmaterial

Keine Materialien notwendig
Man braucht aber eine große Spielfläche zum Herumlaufen.

Spielverlauf

Ein Kind spielt den König/die Königin und steht anfangs abseits der Gruppe mit abgewandtem Blick. Die übrigen Spieler suchen ein Land aus und Personen/Tiere/Gegenstände, die es darstellen sollen, beispielsweise Spanien – Stierkämpfer, Australien – Kängurus, England – Golfspieler usw. Dann treten diese Spieler zusammen vor den König und sagen: „Wir sind gekommen, um Eure Majestät zu sehen." Der König fragt: „Aus welchem Land stammt ihr?" Die Kinder stellen das Land pantomimisch dar und der König soll erraten, was gemeint ist. Wenn das Land erraten wurde, schreien alle Kinder „Ja!" und laufen in ein gekennzeichnetes Feld. Wer dabei vom König gefangen wird, muss diesen in der nächsten Runde spielen. Der König hat drei Rateversuche; wenn er das Land beim dritten Mal noch nicht errät, rufen die Kinder die richtige Lösung und rennen dann los. Das Spiel dauert so lange, bis alle Kinder gefangen wurden. Wer einmal König war, spielt danach nicht mehr mit.

Bemerkungen

Gerade für jüngere Kinder ist es sicher hilfreich, sich vor der Spielstunde einige Länder und die passende Mimik und Gestik auszudenken. Die Auswahl der Länder und der darstellenden Kinder muss sehr leise geschehen, wenn sich König oder Königin im gleichen Raum aufhalten.

Geschenkestunde

Bei diesem Spiel denken die Kinder genauer übereinander nach und knüpfen positive Kontakte. Es schafft eine gute Atmosphäre in der Gruppe und bietet dem einzelnen Mitglied positive Beachtung.

Spielmaterial

Ein Zettel und ein Stift für jedes Kind; außerdem eine Schachtel oder ein Beutel

Spielverlauf

Die Kinder schreiben ihre Namen auf die Zettel, die eingesammelt und in die Schachtel oder den Beutel gesteckt werden. Nehmen Sie immer wieder einen Zettel heraus und lesen Sie den Namen darauf vor. Nun sollen sich Freiwillige melden, die ein Geschenk für das jeweilige Kind vorschlagen. Rufen Sie pro Zettel drei Kinder auf. Ermuntern Sie die Spieler, einfallsreich zu sein. Geschenkideen könnten z. B. eine Safari in Afrika, eine Fahrt in einem Heißluftballon, ein Roboter als Hausdiener oder eine Diamantenkette sein.

Bemerkungen

Ermuntern Sie ältere Kinder dazu, die Geschenkideen eher aus dem abstrakten Bereich zu wählen: Weisheit, fliegen können oder mit Tieren sprechen können.

Die Kinder können gegen Ende des Schuljahres kleine, hübsche Schachteln basteln, in die dann Kärtchen mit persönlichen Geschenkwünschen gelegt werden. So hat jedes Kind ein Andenken zum Aufbewahren.

Loben lernen

Loben lernen

In diesem Spiel ist jedes Kind einmal an der Reihe, Anerkennung von der Gruppe zu bekommen.

Spielmaterial

Papier, Stifte und eine Schachtel oder ein Beutel

Spielverlauf

Schreiben Sie die Namen der Kinder auf kleine Papierstreifen, die Sie in die Schachtel oder den Beutel geben. Ziehen Sie nacheinander die einzelnen Zettel und lesen Sie den Namen darauf vor. Nun sollen sich Spieler melden – drei werden pro Namen aufgerufen – die etwas Positives über das entsprechende Kind sagen, wie z. B. „er/sie ist hilfsbereit oder freundlich, hat ein nettes Lächeln, kann etwas besonders gut" usw.

Bemerkungen

Wenn es Ihrer Meinung nach Kinder in der Gruppe gibt, über die andere Spieler nur mit Mühe positive Aussagen treffen könnten, sollten Sie diese Kinder vor dem Spiel eigens in Gegenwart der anderen loben. Bei manchen Gruppen ist es möglicherweise hilfreich, vorher über die positiven Eigenschaften zu sprechen, nach denen man bei seinen Mitmenschen Ausschau hält.

Spinnennetz

Mit einem Wollknäuel werden die Kinder bei diesem Spiel buchstäblich und im übertragenen Sinn zusammengebunden. Alle Kinder sind gleichermaßen beteiligt und sollen dabei ein Gefühl der Zugehörigkeit entwickeln.

Spielmaterial

Ein Wollknäuel oder dünner Strick

Spielverlauf

Die Kinder sollen sich vorstellen, miteinander auf eine Reise in ein warmes, sonniges Land am Meer zu gehen. Für das Spiel sollen sie sich einen Gegenstand ausdenken, den sie gern mitnehmen würden, entweder für die Fahrt dorthin oder für den Bestimmungsort, etwas Nützliches, ein Kleidungsstück oder einen Freizeitartikel. Sie dürfen erst laut sprechen, wenn sie an der Reihe sind. Ein Kind bekommt das Knäuel, sagt, was es mitnehmen würde, und gibt das Knäuel an seinen Sitznachbarn weiter, wobei es den Anfang des Fadens in der Hand behält. Auf diese Weise wandert das Knäuel im Kreis herum, jedes Kind wickelt ein Stück Wollfaden ab und hält ihn fest. Nachdem alle an der Reihe waren, sind sie durch den Faden miteinander verbunden. Der erste Spieler wickelt nun den Faden wieder auf. Währenddessen kann man mit jüngeren Kindern ein Lied singen oder mit älteren Kindern ein Wort-Assoziationsspiel machen.

Bemerkungen

Diese Spielweise eignet sich für alle möglichen Spiele, etwa Fragen-Stellen, Geschichten-Erzählen oder Ideen-Zusammentragen. Die Kinder lernen dadurch, sich zu konzentrieren und abzuwarten, bis sie an der Reihe sind. Eine Variationsmöglichkeit wäre, dass sich die Kinder melden, um an die Reihe zu kommen. Der Faden wird dadurch kreuz und quer im Kreis herumgeführt, was eine interessante Netzstruktur ergibt. Dabei müssen alle gut aufpassen, wohin sie treten.

Stickergeschenke

Stickergeschenke

Die Bestätigung durch die anderen weckt positive Gefühle in der Gruppe.

Spielmaterial

Drei farbige Sticker für jedes Kind

Spielverlauf

Jedes Kind erhält drei Sticker, die es drei Mitspielern seiner Wahl in die Hände legen darf. Dabei soll es über jedes dieser drei Kinder etwas Positives sagen. Am Ende des Spiels sollte jeder Spieler drei geschenkte Sticker in der Hand halten.

Bemerkungen

Wenn es Kinder in der Gruppe gibt, denen die anderen vermutlich keine Sticker schenken werden, wäre es gut, vorher mit allen Kindern über den Sinn des Spiels zu sprechen, der darin besteht, jedem Kind ein gutes Gefühl zu geben und damit eine zufriedene Stimmung in der Gruppe zu schaffen. Danach werden die Geschenke sicher großzügig verteilt werden.

Schatzsuche

Dieses Spiel macht Spaß und beteiligt die ganze Gruppe am Spielgeschehen.

Spielmaterial

Eine Augenbinde und ein kleiner Gegenstand zum Verstecken

Spielverlauf

Einem Spieler werden die Augen verbunden; währenddessen verstecken die anderen den Gegenstand. Dann wird die Augenbinde gelöst und das Kind sucht das versteckte Objekt. Es erhält dabei Hinweise von seinen Mitspielern, die leise klatschen, wenn es in der falschen Richtung sucht, und immer lauter werden, je mehr es sich dem „Schatz" nähert.

Bemerkungen

Sie können die Art der Hinweise variieren: langsam und schneller klatschen, leise und lauter summen, mit den Fingerknöcheln klopfen oder mit den Füßen aufstampfen. Natürlich macht es Kindern auch Freude, sich selbst etwas auszudenken.

In einer anderen Spielversion sitzt ein Kind mit verbundenen Augen auf einem Stuhl in der Mitte des Sitzkreises und hütet einen „Schatz", beispielsweise einen Schlüsselbund. Ein Mitspieler kriecht leise heran und versucht, den Schatz zu entwenden. Wenn der „Schatzhüter" ein Geräusch hört und mit dem Finger in die richtige Richtung deutet, muss der ertappte Mitspieler wieder auf seinen Platz zurückgehen und ein anderer versucht sein Glück. Wenn der Schatz gekapert werden kann, wird ein neuer Wächter bestimmt.

Weitere Aktivitäten

Weitere Aktivitäten

Leistungen ausstellen

Arbeitsproben, Fotos und positive Aussagen über die Kinder können an einer Schautafel ausgestellt werden. Jedes Kind bekommt seinen Stammplatz.

Glücksrad

Die Kinder fertigen aus Karten Räder mit acht gemalten Speichen an. In die Zwischenräume schreiben sie acht positive Erlebnisse. Die Räder können ausgestellt werden.

Nachmittagsplanung

Lassen Sie die Kinder einen perfekten Nachmittag planen: Sie denken sich aus, wo sie gern sein möchten, was sie dort gern tun würden und wen sie gern dabei hätten. Jeder darf sich dann einen Partner aussuchen, mit dem er seine Pläne bespricht.

Muntermacher

Bei diesem Spiel denken die Kinder darüber nach, was ihnen ein gutes Gefühl gibt. Das sind vielleicht ganz konkrete Dinge wie neue Kleider oder ein Kinobesuch, aber auch abstrakte Freuden, wie von jemandem gelobt werden oder etwas gut machen. Notieren Sie mit und hängen Sie das Ergebnis aus.

Sich selbst und die anderen verstehen

Die Spiele in diesem Abschnitt befassen sich mit den verschiedenen Aspekten gefühlsmäßigen Wohlbefindens. Sie regen die Kinder zum Nachdenken darüber an, wie Körpersprache funktioniert und welche Vorteile es hat, die Körpersprache der anderen zu verstehen. Ebenso geht es darin um Gemeinsamkeiten und Unterschiede von Individuen und um die Wichtigkeit von Einfühlungsvermögen. Schließlich werden auch der Wert und die Einzigartigkeit jedes Kindes betont.

Aufzieh-Spielzeuge

Dieses Spiel führt unterhaltsam in die Beschäftigung mit dem eigenen Biorhythmus und den damit verbundenen Gefühlen ein.

Spielmaterial

Keine Materialien notwendig

Spielverlauf

Die Kinder sollen sich vorstellen, Aufzieh-Spielzeuge zu sein. Sie wurden gerade aufgezogen und können sich nun solange bewegen, bis der Mechanismus abläuft. Um das zu veranschaulichen, sollen sie nach und nach immer langsamer werden und schließlich stehen bleiben. Nach zwei oder drei Durchgängen kehren die Kinder dann an ihren Platz zurück. Sie sollen nun an die Zeiten während des Tages denken, an denen sie voller Energie sind und daran, wann sie langsam ermüden. Welche Gefühle verbinden sich damit? Was tun sie, wenn sie sich abgespannt fühlen? (Essen, wenn sie hungrig sind; schlafen, wenn sie müde sind; sich körperlich betätigen, wenn sie träge sind usw.)

Bemerkungen

Suchen Sie mit den Kindern weitere Beispiele für Zeiten, in denen man sich schlapp fühlt: an heißen Sommertagen, wenn man krank ist oder nach einem anstrengenden Spiel. Fragen Sie die Kinder, was ihrer Meinung nach die Gründe dafür sein könnten.

Szenisches Spiel

In diesem Spiel erkunden die Kinder, wie man Gefühle durch Sprache oder mit dem Körper ausdrücken kann.

Spielmaterial

Keine Materialien notwendig

Spielverlauf

Bilden Sie Gruppen aus fünf oder sechs Kindern und lassen Sie von jeder Gruppe eine andere Stimmung ausdrücken, wie z. B. glücklich, traurig, wütend, ängstlich. Sie sollen die folgende Szene darstellen: Ein Kind in der Gruppe hat Geburtstag und die anderen sind als Gast eingeladen und verhalten sich dort entsprechend der Stimmung, die ihnen zugeteilt wurde. Geben Sie ihnen zehn bis 15 Minuten Zeit für die Ausarbeitung, dann spielt jede Gruppe den anderen ihren Sketch vor. Diskutieren Sie nachher mit allen Kindern, an welchen Anhaltspunkten sie feststellen konnten, welche Gefühle die jeweilige Gruppe darstellen wollte.

Bemerkungen

Entwickeln Sie das Spiel weiter, indem sie die Kinder selbst Stimmungen definieren und eigene Szenen vorspielen lassen.

Stimmungen erraten

Stimmungen erraten

In diesem Spiel können die Kinder untersuchen, wie sich Gefühle durch Handlungen ausdrücken lassen.

Spielmaterial

Schreiben Sie eine Auswahl von Situationen und damit einhergehenden Stimmungen auf ein Flipchart, z. B.:

Bei einem Fußballspiel zuschauen – Freude und Begeisterung zeigen
Ein dunkles Haus betreten – Nervosität und Angst zeigen
Einen Kriegstanz aufführen – Wut und Angriffslust zeigen
Auf das Erscheinen eines Popstars warten – Vorfreude und Ungeduld zeigen
Ein weggelaufenes Kind finden – Zuwendung und Sorge zeigen

Spielverlauf

Teilen Sie die Kinder in Fünfergruppen ein. Kündigen Sie an, dass jede Gruppe eine Situation bekommt, die sie spielen soll. Die anderen Gruppen sollen hinterher erraten, worum es geht. Besondere Sorgfalt sollte auf die Darstellung der Stimmung in Gestik und Mimik verwendet werden. Die Gruppen sollen in einigem Abstand zu den anderen sitzen und möglichst leise arbeiten, damit niemand mithören kann. Nach etwa zehn Minuten kehren alle in den Kreis zurück und die Gruppen führen ihre kleinen Szenen auf. Besprechen Sie mit den Kindern, welche Situation dargestellt wurde und an welchen Hinweisen sie die Stimmungen erkennen konnten.

Bemerkungen

Besonderen Spaß macht es den Kindern, wenn sie hinterher ihre Szene etwas verändert noch einmal aufführen dürfen. Ein oder zwei Spieler zeigen dabei nicht die Stimmung, die der Situation angemessen ist: Sie sind z. B. auf einer Geburtstagsparty traurig oder sie ängstigen sich, während sie auf den Popstar warten. Lassen Sie die Spieler danach erzählen, wie sie sich dabei gefühlt haben.

Namen und Beinamen

Namen und Beinamen

Bei diesem Spiel erfährt jedes Kind positive Beachtung als Mitglied der Gruppe.

Spielmaterial

Keine Materialien notwendig

Spielverlauf

Jedes Kind wählt sich einen Beinamen aus, der mit dem gleichen Buchstaben wie sein Vorname beginnt. Der Beiname sollte positiv sein, wie z. B. *Michael, der Mutige; Karin, die Kluge; Simon, der Starke; Florian, der Fleißige* usw. Rufen Sie Freiwillige auf, damit die anderen verstehen, wie es gemacht wird. Dann soll sich jedes Kind eine für den Beinamen symbolische Geste ausdenken, mit der es sich den anderen vorstellt. *Karin, die Kluge* könnte z. B. Zahlen oder Buchstaben in die Luft schreiben. Dabei sagt sie ihren Namen in passendem Ton. Die anderen Spieler wiederholen ihren Namen in derselben Tonlage und machen die vorgezeigten Bewegungen nach.

Bemerkungen

Achten Sie darauf, dass alle Kinder einen passenden Beinamen finden. Wenn einem Spieler nichts dazu einfällt, bitten Sie die anderen Kinder, ihm zu helfen.

Pantomime

Fantasie und Mimik dienen in diesem Spiel dazu,
die Körpersprache zu erforschen.

Spielmaterial

Keine Materialien notwendig

Spielverlauf

Die Kinder stellen der Reihe nach Handlungen pantomimisch dar und werden danach immer gefragt, was sie gerade tun. Darauf sollen sie eine falsche Antwort geben. Die vorgesagte Handlung wird dann vom nächsten Spieler nachgemacht usw.
Ein Beispiel:

> *Kind 1:* spielt *Geschirr spülen*
> *Kind 2:* „Was machst du da?"
> *Kind 1:* „Ich wische den Fußboden."
> *Kind 2:* spielt *den Fußboden wischen*
> *Kind 3:* „Was machst du da?"
> *Kind 2:* „Ich backe einen Kuchen."
> *Kind 3:* spielt *einen Kuchen backen*

Bemerkungen

Sprechen Sie nach dem Spiel mit den Kindern über Lügen. Während das in einem Spiel, dessen Regeln jeder kennt, erlaubt sein mag, wird es im wirklichen Leben von niemandem akzeptiert. Lassen Sie die Kinder alle Gründe zusammentragen, warum man die Wahrheit sagen sollte. Notieren Sie die Begründungen auf einem Flipchart mit.

Vorspielen und erraten

Vorspielen und erraten

Bei diesem Spiel werden Gesichtsausdruck und Tonfall dazu verwendet, eine Information zu übermitteln. Die Kinder sollen aus den Aktionen ihrer Partner Schlüsse ziehen.

Spielmaterial

Eine Anzahl von Situationen auf einzelnen Karten (s. S. 142 und 143) und Klebeband

Spielverlauf

Die Kinder arbeiten in Zweiergruppen. Befestigen Sie ein Kärtchen mit Situationsbeschreibung auf dem Rücken jedes Spielers. Die Partner lesen still jeweils den Text des anderen und spielen sich dann gegenseitig nacheinander die entsprechende Situation stumm vor. An Mimik und Gestik soll erraten werden, was der andere darstellt.

Der darstellende Spieler kann auch ein Kauderwelsch als Verständigungsmittel verwenden, wenn Sie glauben, dass die Gruppe das schon kann. Diejenigen, die raten, dürfen Fragen an ihre Partner richten, die aber nur in Kauderwelsch antworten dürfen. Jüngere Kinder dürfen Fragen stellen, die mit „Ja" oder „Nein" beantwortet werden können. Wenn die gespielte Situation erraten wurde, tauschen die Partner die Rollen.

Bemerkungen

Sprechen Sie mit den Kindern darüber, wie sehr ihnen der Gesichtsausdruck und der Tonfall ihres Partners beim Raten geholfen haben. Was haben sie allein durch diese beiden Darstellungsmittel über die Situation erfahren können?

Verwirrender Blick

Dieses Spiel fördert die Konzentrationsfähigkeit.

Spielmaterial

Keine Materialien notwendig

Spielverlauf

Teilen Sie jedem Mitspieler eine Nummer zu. Erläutern Sie, dass Sie die Nummern durcheinander aufrufen werden und dass immer das Kind mit der betreffenden Nummer mit „Ja" antworten soll; kein anderer Spieler darf sich melden. Die Schwierigkeit dabei ist, dass Sie jedes Mal ein „falsches" Kind ansehen, wenn Sie eine Nummer aufrufen: Sie rufen z. B. zwei und schauen das Kind mit der Nummer 15 an; sie rufen 23, aber blicken Nummer 17 an usw. Die Kinder müssen wachsam bleiben und dürfen sich nicht melden, solange ihre Nummer nicht aufgerufen wurde. Das Kind, das Sie ansehen, wird es jeweils schwierig finden, nicht zu antworten. Wenn Sie ein paar Runden gespielt haben, können Sie das Tempo erhöhen. Wenn ein Spieler nicht auf seine Nummer reagiert, dürfen ihn die Sitznachbarn flüsternd darauf aufmerksam machen.

Bemerkungen

Nach dem Spiel können Sie mit den Kindern besprechen, wie sie sich dabei gefühlt haben. Waren einige nervös, weil sie Angst hatten, ihre Nummer zu überhören? Wie haben sich diejenigen gefühlt, die ihren Aufruf wirklich verpasst haben? Reden Sie auch über die Fälle, in denen jemand sich meldete, der nicht gemeint war. Sprechen Sie schließlich über Hilfsbereitschaft anderen gegenüber, indem man ihnen sagt oder zeigt, was sie machen sollen.

Die Qual der Wahl

Die Qual der Wahl

Dieses Spiel soll Toleranz wecken. Es beleuchtet die Unterschiede zwischen den Individuen und stellt sie in positivem Licht dar.

Spielmaterial

Ein Fragebogen für jedes Kind (s. S. 144 und 145) und Stifte

Spielverlauf

Teilen Sie die Fragebögen aus und lassen Sie die Kinder ihre Antworten ankreuzen. Eventuell können die Fragen vorher gemeinsam gelesen werden. Nach der Beantwortung bilden Sie einen Sitzkreis, in dem die Ergebnisse verglichen und besprochen werden. Fragen Sie nach den Gründen für die verschiedenen Antworten. Sprechen Sie mit den Kindern darüber, wie etwa der familiäre Hintergrund, der Erwartungsdruck der Freunde oder Modeerscheinungen Einfluss auf die Wahl der Antwort haben könnten.

Bemerkungen

Betonen Sie, wie wichtig es ist, dass jeder die Unterschiede zwischen einzelnen Menschen akzeptieren und gut finden kann. Toleranz führt zu Harmonie und Frieden, Intoleranz führt zu Streit.

Standpunkte vertreten

Dieses Spiel lenkt die Aufmerksamkeit der Kinder auf die Bandbreite von Meinungen in der Gruppe zu bestimmten Themen.

Spielmaterial

Karten mit den Nummern eins bis fünf und einige strittige Aussagen, z. B.:

In der Pause sollte nichts Süßes verkauft werden.
Hausaufgaben sollten abgeschafft werden.
Kinder unter 16 Jahren sollten keine Handys besitzen dürfen.
Fußballer sollten nicht soviel Geld verdienen.
Man sollte keine Steuern mehr zahlen müssen.

Spielverlauf

Legen Sie eine imaginäre Linie durch das Zimmer fest. Entlang dieser Linie legen Sie die fünf nummerierten Karten in regelmäßigen Abständen auf den Boden. Die Karten bedeuten folgendes:

1. *Das finde ich vollkommen richtig.*
2. *Das finde ich richtig.*
3. *Das finde ich weder richtig noch falsch.*
4. *Das finde ich falsch.*
5. *Das finde ich ganz falsch.*

Eventuell kann man diese Aussagen noch durch Symbole verdeutlichen, z. B. gestempelte Gesichter von sehr fröhlich bis tieftraurig oder durch „++, +, 0, –, – –".

Nachdem Sie eine der obigen Aussagen vorgelesen haben, stellen sich die Kinder zu der Karte, die ihrem Standpunkt entspricht. Suchen Sie für jede Runde einen Reporter aus, der zwei oder drei Spieler zu ihren Meinungen interviewt.

Bemerkungen

Achten Sie darauf, dass sich die Kinder wirklich sicher sind, für welche Nummer sie sich entscheiden sollen. Nach dem Spiel können Sie mit ihnen über die Gründe für verschiedene Ansichten und Meinungen von Leuten sprechen und herausarbeiten lassen, wie wichtig Toleranz ist.

Stärken und Schwächen

Stärken und Schwächen

Dieses Spiel widmet sich den Stärken und Schwächen des Einzelnen und fördert die Einsicht, dass jeder mit anderen Stärken ausgestattet ist und seinen individuellen Wert besitzt.

Spielmaterial

Ein Stift und eine Aufzählung gegensätzlicher Charaktereigenschaften für jedes Kind (s. S. 146)

Spielverlauf

Die Kinder bekommen die Liste und markieren eine Stelle in dem Raster zwischen den beiden Adjektiven. Die markierte Stelle gibt an, in welchem Ausmaß sich das Kind mit der linken oder rechten Eigenschaft identifiziert. Danach tauschen sich die Sitznachbarn über ihre Einschätzungen aus.

Bemerkungen

Erörtern Sie mit den Kindern den Wert verschiedener Stärken. Die Gesellschaft beispielsweise bietet sowohl für die „Schnecke" als auch den „Hasen" Raum. Betonen Sie, dass jeder Mensch seine Stärken hat, auch wenn diese bei manchen vielleicht weniger auffällig sind. Fragen Sie die Kinder, welche ihrer Eigenschaften sie als Schwächen bezeichnen würden und merken Sie an, dass andere dieselbe Eigenschaft für eine Stärke halten könnten. Möglicherweise gelingt es ihnen, ihre „Schwächen" selbst positiver zu sehen.

Weitere Aktivitäten

Weitere Aktivitäten

Stimmungsbilder

Die Kinder zeichnen abstrakte Bilder aus Linien, Kreisen und Schnörkeln, um verschiedene Stimmungen auszudrücken, z. B. glücklich sein, traurig sein, Wut oder Unruhe.

Persönlichkeitsdiagramme

Lassen Sie die Kinder mit Säulendiagrammen eine Übersicht über bestimmte Persönlichkeitsmerkmale der Gruppenmitglieder zusammenstellen. Geeignete Aspekte wären z. B. das Erscheinungsbild (Haarfarbe, Größe, Schuhgröße), das Lieblingsfach oder -essen, das eigene Haustier usw.

Gefühlswetterkarten

Die Kinder entwerfen Symbole für Wetterlagen und verbinden sie mit bestimmten Stimmungen, beispielsweise Sonne – fröhlich, Sturm – zornig, Regen – traurig, Wind – hektisch usw.

Torpfosten

Hängen Sie ein großes Plakat mit Torpfosten auf. Schneiden Sie aus Papier Kreise aus, die Bälle repräsentieren. Jedes Kind bekommt einen „Ball" und schreibt darauf ein Ziel, das es in der Schule gern erreichen möchte. Befestigen Sie die Bälle in einer Linie vor dem Tor. Wenn ein Kind das selbst gesteckte Ziel verwirklichen konnte, darf es seinen Ball zwischen den Torpfosten befestigen.

Gefühle analysieren

Lassen Sie die Kinder berichten, was ihre Gefühle schon einmal verletzt hat. Fragen Sie nach ihren Reaktionen darauf und was möglicherweise die beste Art wäre, damit umzugehen.

Naturmedizin

Die Kinder sollen sich Stärkungsmittel aus der Natur für jemanden ausdenken, der niedergeschlagen ist, wobei ihrer Fantasie keine Grenzen gesetzt sind. Wenn nötig, geben Sie Anregungen: ein Sonnenstrahl, eine kühle Meeresbrise, Vogelgezwitscher usw.

Denken und sich konzentrieren

Die Spiele in diesem Kapitel fördern die Denk- und Konzentrationsfähigkeit, wodurch Erfolge erzielt und gesundes Selbstbewusstsein gestärkt werden. Das Spielen in der Gruppe regt zu Kooperation und dem Austausch von Kenntnissen und Erfahrungen an.

Geburtstagsspiel

Geburtstagsspiel

Dieses Spiel unterstützt die Denk- und Konzentrationsfähigkeit.

Spielmaterial

Zwei Stapel zu je 12 Karten
Beschriften Sie die ersten zwölf Karten mit den Monatsnamen und den zweiten Stapel mit verschiedenen Tätigkeiten, z. B. „Plätze tauschen", „von zehn an rückwärts zählen", „um den Spielkreis herumhüpfen", „sich zu einem Ball einigeln" usw. Geben Sie die Stapel getrennt in zwei Behälter.

Spielverlauf

Fragen Sie zunächst alle Kinder nach ihrem Geburtsmonat. Dann zieht ein Kind eine Karte mit Monatsnamen und liest den Monat laut vor. Alle Spieler, die in diesem Monat Geburtstag haben, stehen auf. Dann wird eine Karte aus dem zweiten Behälter gezogen und alle Stehenden führen diese Tätigkeit aus.

Bemerkungen

Vielleicht haben die Kinder Lust, die Verteilung ihrer Geburtstage im Jahr durch eine Grafik darzustellen. Jedem Monat könnte auch ein Symbol zugeordnet werden, also für Januar eine Schneeflocke, für Mai eine Blüte oder für Oktober ein Laubblatt. Sie können sich mit den Kindern auch darüber unterhalten, warum wir Geburtstage feiern.

Zeitkapseln

Zeitkapseln

Bei diesem Spiel denken die Kinder darüber nach, was in ihrem Leben für sie wichtig ist und welche Gegenstände ihren Lebensstil repräsentieren könnten. Sie müssen dabei zusammenarbeiten und zu einvernehmlichen Aussagen kommen.

Spielmaterial

Papier und Stifte

Spielverlauf

Die Kinder arbeiten in Vierer- oder Fünfergruppen. Sie sollen den Inhalt einer Zeitkapsel aussuchen, die für künftige Generationen eingegraben wird. Sie dürfen zehn Gegenstände für die Zeitkapsel bereitstellen, beispielsweise eine Bratwurstsemmel, ein Videospiel, einen Cityroller, ein beliebtes Spielzeug, eine CD usw. Zuerst sollen in den Gruppen alle möglichen Vorschläge gesammelt werden, bevor dann zehn davon durch Abstimmung ausgewählt werden. Danach kehren alle in den Kreis zurück und vergleichen ihre Ergebnisse.

Bemerkungen

Die Gruppen können ihre zehn Gegenstände zusätzlich aufzeichnen und aushängen. Bei einem Vergleich der Gruppenlisten kann man auch feststellen, welcher Gegenstand von den meisten als repräsentativster angesehen wurde.

Wer bin ich?

Dieses Spiel erfordert Geschick beim Fragen nach der geheimnisvollen Identität jedes Spielers.

Spielmaterial

Ein selbstklebendes Etikett für jedes Kind

Spielverlauf

Schreiben Sie die Namen berühmter Persönlichkeiten, die den Kindern bekannt sein müssten, auf die Etiketten. Jedes Kind bekommt ein Etikett auf den Rücken geklebt. Der Reihe nach stellen die Spieler den anderen Fragen, um herauszufinden, welcher Name auf ihrem Rücken steht. Die Zahl der Fragen kann auf zehn beschränkt werden, damit alle Spieler zum Raten an die Reihe kommen.

Bemerkungen

Wenn Sie glauben, dass dieses Spiel für Ihre Gruppe noch zu schwer sein könnte, dann stellen Sie den Kindern in einer Stunde vor dem Spiel einige berühmte Persönlichkeiten vor und schreiben Sie die Namen auf ein Flipchart. Sie können den Kindern auch dabei helfen, ein gutes Frageschema zu entwickeln, damit sie die Namen schneller herausfinden.

Buchstabenskulpturen

Buchstabenskulpturen

In diesem Spiel brauchen die Kinder Einfallsreichtum und müssen mit ihrer Gruppe zusammenarbeiten.

Spielmaterial

Keine Materialien notwendig

Spielverlauf

Teilen Sie die Kinder in Fünfer- oder Sechsergruppen ein. Kündigen Sie an, dass Sie einen Buchstaben des Alphabets rufen werden und die Gruppen dann versuchen müssen, diesen Buchstaben in einer Körperskulptur darzustellen. Das Ganze kann auch als Wettbewerb ausgetragen werden, welche Gruppe am schnellsten fertig ist.

Bemerkungen

Jede Gruppe kann auch einen anderen Buchstaben bekommen, so dass ein Wort entsteht oder aus verschiedenen Ziffern eine Summe.

Assoziationsspiel

Bei diesem Spiel arbeiten die Kinder in der Gesamtgruppe, gleichzeitig wird ihre Denk- und Konzentrationsfähigkeit dabei gefördert. Um es spannender zu gestalten, kann das Spiel auch als Wettkampf ausgetragen werden.

Spielmaterial

Keine Materialien notwendig

Spielverlauf

Erklären Sie den Kindern, dass Sie zu Beginn ein Wort vorgeben, zu dem ein anderes gefunden werden soll, das mit dem vorgegebenen verknüpft werden kann. Jeder Spieler sagt sein Wort, wenn er an der Reihe ist. Allerdings sollte jeder mehr als einen Vorschlag parat haben, um Wiederholungen zu vermeiden. Vor Spielbeginn ist es ratsam, einen Probedurchgang zu machen. Sie sollten Begriffe mit vielen Assoziationsmöglichkeiten wählen, etwa „Meer", „Sommer" oder „Schule".
Das Ganze macht noch mehr Spaß, wenn Sie die Spielzeit stoppen.

Eine Spielregel könnte sein, dass ein Mitspieler „Einspruch" rufen darf, wenn er denkt, dass das assoziierte Wort nicht passt. Wenn der betreffende Spieler dann keine zufrieden stellende Erklärung für seine Wahl bieten kann, muss er einen anderen Vorschlag machen.

Bemerkungen

Wenn einigen Kindern nichts zu einem Wort einfällt, können andere Mitspieler für sie einspringen.

Stühlewettlauf

Stühlewettlauf

In diesem Spiel müssen sich die Kinder auf das Geschehen konzentrieren und schnellstmöglich auf ein Signal reagieren.

Spielmaterial

Keine Materialien notwendig

Spielverlauf

Dieses Spiel ist eine Variante zu „Reise nach Jerusalem". Ein Stuhl wird beiseite gestellt, die Stühle stehen mit der Lehne nach innen im Kreis. Ein Kind beginnt das Spiel, indem es sich in einer Weise, die es selbst aussuchen darf, um den Kreis bewegt, also entweder hüpft, hopst oder kriecht usw. Das Tempo soll nicht schneller als normale Gehgeschwindigkeit sein. Dieses Kind klopft nacheinander vier anderen auf die Schulter, die ihm in der gleichen Weise folgen müssen. Wenn der Spielführer „Alle hinsetzen!" ruft, versuchen die fünf Spieler so schnell wie möglich einen Stuhl zu erreichen. Das Kind, das übrig bleibt, führt die nächste Spielrunde an und sucht sich eine andere Fortbewegungsart aus. Es kann sich aber auch Vorschläge von den Mitspielern einholen.

Bemerkungen

Sie können auch Bewegungsarten auf Papierstreifen schreiben, die von den Spielern aus einem Behälter gezogen werden. Dadurch kann das Spielvergnügen noch gesteigert werden, weil niemand im Voraus weiß, was er machen wird.

Dornröschenschlaf

In diesem Spiel nutzen die Kinder ihre Kenntnisse und Erfahrungen, um Zeitvergleiche anzustellen.

Spielmaterial

Keine Materialien notwendig

Spielverlauf

Die Kinder arbeiten in kleinen Gruppen. Sie sollen sich vorstellen, sie wären gerade aus einem hundertjährigen Schlaf erwacht. Was hätte sich im Vergleich zur Zeit vor hundert Jahren verändert? Was würde sie erstaunen, begeistern oder erschrecken? Nachdem die Gruppen ihren Zeitvergleich angestellt haben, sollen sie darüber abstimmen, welche Veränderung wahrscheinlich die größten Auswirkungen auf ihr Leben hätte. Dann kehren alle in den Kreis zurück. Jede Gruppe stellt eine der gefundenen Veränderungen pantomimisch dar und die anderen sollen erraten, was gemeint ist.

Bemerkungen

In einer Abwandlung des Spiels stellen sich die Kinder vor, sie würden ab jetzt in einen Dornröschenschlaf fallen und sie versuchen, vorauszusagen, in was für einer Welt sie nach hundert Jahren aufwachen würden.

Maschinen darstellen

Maschinen darstellen

Bei diesem Spiel arbeiten die Kinder in kleinen Gruppen und setzen ihr Wissen und ihre Einfälle gemeinsam um.

Spielmaterial

Keine Materialien notwendig

Spielverlauf

Bilden Sie Vierer- oder Fünfergruppen und erklären Sie vor dem Spiel, dass jeweils eine Gruppe gemeinsam eine Maschine in Aktion darstellen soll. Die Gruppe darf selbst bestimmen, welche Art von Maschine sie wählt, z. B. eine Maschine, die Eis macht oder Blätter im Garten aufsaugt. Wenn Sie vermuten, dass die Gruppen damit Schwierigkeiten haben werden, können Sie mit ihnen gemeinsam Ideen sammeln.

Wenn feststeht, welche Maschine es werden soll, müssen die Gruppen sie aus ihren Mitgliedern, die die Einzelteile der Maschine darstellen, „zusammenbauen". Dazu werden z. B. Arbeitsgeräusche, Bewegungen und Teile, die entweder gleichzeitig oder nacheinander in Aktion sind, gebraucht. Wenn die Kinder die Positionen und Bewegungsabläufe geübt haben, kehren sie in den Kreis zurück, jede Gruppe führt ihre Maschine vor und erklärt ihre Funktionsweise.

Bemerkungen

Sie können auch andere Themenbereiche für die Darstellung wählen, z. B. eine Gruppenskulptur aus einzelnen Teilen. Das könnten ein Baum, eine Brücke, ein Haus oder eine Parkbank sein.

Dingsda I

Dingsda I

In diesem Spiel müssen die Kinder ihre Gedanken systematisch ordnen, um eine korrekte Interpretation zu ermöglichen.

Spielmaterial

Karten mit Bezeichnungen für alltägliche Gegenstände (s. S. 147)

Spielverlauf

Jedes Kind bekommt eine Karte und fünf Minuten Zeit, um sich zu überlegen, wie der darauf genannte Gegenstand beschrieben werden könnte, ohne das Wort dafür zu nennen. Die Kinder können sich freiwillig melden. Sie gehen dann im Kreis herum und beschreiben ihren Gegenstand, den die anderen Spieler erraten müssen. Es dürfen auch Fragen dazu gestellt werden.

Bemerkungen

Dieses Spiel kann auch zu zweit gespielt werden. Wenn beide den Gegenstand des anderen erraten haben, suchen sie sich entweder neue Partner oder sie ziehen zwei neue Karten. Um den Spielfluss zu erhalten, können Sie z. B. nur Entscheidungsfragen zulassen oder die Anzahl der Fragen begrenzen. Vielleicht beschreiben die Kinder aber auch lieber einen Gegenstand, den sie sich selbst aussuchen.

Sätze fortführen

Sätze fortführen

Dieses Spiel erfordert vor allem sprachliche Fähigkeiten und Fantasie.

Spielmaterial

Eine Anzahl unvollendeter Sätze auf einem Flipchart, z. B.:

Am Samstag erlebte ich eine große Überraschung: ...
Wir waren gerade beim Mittagessen, als ...
Ich machte die Tür auf und ...
Wir waren mit dem Auto unterwegs, als plötzlich ...
Ich hörte einen lauten Knall und sah ...
Die Gestalt drehte sich um und ...
Während ich in das Gebäude ging, ...

Spielverlauf

Die Kinder arbeiten einzeln oder mit Partnern. Geben Sie ihnen einen Satzanfang vor und beauftragen Sie die Kinder, ihn auf interessante Art fortzuführen. Dazu haben sie einige Minuten Zeit. Dann liest jeder seinen Satz laut vor, was recht erheiternd sein kann.

Bemerkungen

Sie können das auch mit der ganzen Gruppe gemeinsam spielen. Dazu werden die Einfälle gesammelt und aufgeschrieben. Lassen Sie die Kinder selbst einmal Satzanfänge vorschlagen.

Einkaufsliste

Dieses Spiel fördert Beobachtungsgabe und Konzentrationsfähigkeit.

Spielmaterial

Keine Materialien notwendig

Spielverlauf

Die Kinder denken sich eine Ware aus, die sie gern kaufen würden. Sie können eine Kategorie vorgeben, wie etwa Kleidung, Lebensmittel, Spielzeug oder eine CD. Freiwillige stellen die gedachten Gegenstände pantomimisch dar, die übrigen Spieler müssen sie erraten. Fällt den Kindern das Raten schwer, darf ein Hinweis gegeben werden, z. B. in welchem Geschäft man die Ware bekommt. Wenn der Gegenstand nach drei Versuchen nicht erraten wurde, wird er vom Spieler genannt.

Bemerkungen

Spielen Sie schnelle Runden mit Waren in alphabetischer Reihenfolge. Dann wählen Sie aus den Vorschlägen einige aus und lassen die Kinder Vermutungen über die Preise anstellen.

Wahrheitssuche

Wahrheitssuche

In diesem Spiel sind Denkfähigkeit, Gruppendiskussion und Entscheidungsfindung gefragt. Es bietet auch die Gelegenheit, neuen Wortschatz einzuführen.

Spielmaterial

Eine Auswahl von Wörtern mit jeweils drei Definitionen, von denen nur eine richtig ist (s. S. 148 und 149)

Spielverlauf

Das Spiel geht ähnlich wie das Fernseh-Kinderquiz „1, 2 oder 3". Fragen Sie nach drei Freiwilligen, die das Spiel beginnen. Die drei Spieler bekommen drei Karten mit demselben Wort, aber verschiedenen Erklärungen. Jeder liest seine Karte vor. Die anderen Mitspieler müssen sich für eine Definition entscheiden, die sie für die wahrscheinlichste halten und stellen sich vor dem entsprechenden Kind auf. Wenn sich alle entschieden haben, wird die richtige Lösung vorgelesen. Für die nächste Spielrunde werden drei andere Spieler bestimmt.

Bemerkungen

Am besten wird vor jeder Raterunde das Wort, um das es geht, laut vorgelesen, so dass sich die Kinder die Aussprache einprägen können. Vor dem Spiel sollten Sie den Kindern erklären, sie müssten ihren Text so vorlesen, dass niemand aus ihrem Tonfall oder ihrem Gesichtsausdruck Schlüsse auf die richtige Lösung ziehen kann. Die Kinder können auch mit Hilfe eines Wörterbuchs selbst Wortkarten entwerfen.

Weitere Aktivitäten

Wörter graphisch darstellen

Die Kinder dürfen zu ihrem Vergnügen Wörter in den Formen schreiben, die sie bezeichnen, also etwa die Buchstaben im Kreis für „Ballon" oder immer größer werdend bei „größer".

Lernfortschritt

Lassen Sie die Kinder alle ihre Schulfächer aufschreiben und für jedes Fach etwas Neues, das sie im Lauf der Woche dazugelernt haben.

Lebenslinie

Die Kinder zeichnen eine waagrechte Linie, die für ihre Lebensjahre steht. Sie sollen sich nun fünf Lebensalter aussuchen, auf der Linie markieren und Vor- und Nachteile des jeweiligen Alters aufschreiben. Vergleichen und diskutieren Sie die Ergebnisse im Kreis.

Heimvorteil

Auf ein großes Blatt Papier zeichnet jedes Kind den Umriss seines Hauses oder seiner Wohnung. Dazu sollen alle guten Dinge, konkret wie abstrakt, aufgeschrieben werden, die dort zu finden sind.

Hausregeln

Die Kinder sollen sich vorstellen, Sie wären Hausbesitzer und sollen nun zehn Regeln für das Leben im Haus festlegen. Sprechen Sie im Kreis über diese Regeln und lassen Sie alle Kinder die wichtigste per Abstimmung wählen.

Berufsbeschreibung

Lassen Sie die Kinder für einen Beruf, den sie gern hätten, eine Berufsbeschreibung verfassen, in der die damit verbundenen Aufgaben und die nötigen persönlichen Eigenschaften von jemandem, der diesen Beruf ausüben will, enthalten sind.

Aufmerksamkeit schulen

Bei diesen Spielen wird besonderer Wert auf Beobachtungsgabe und Beachtung von Details gelegt. Die Kinder können dabei den Gebrauch ihrer Sinne und die Fähigkeit, Wissen und Erfahrungen fantasievoll einzusetzen, weiterentwickeln. Diese Art kreativen Denkens wird ihnen ermöglichen, die Herausforderungen des Lebens mit Selbstvertrauen zu meistern.

Sitzmöbel

Dieses Spiel fördert Beobachtungsgabe und kreatives Denken.

Spielmaterial

Ein Stuhl in der Kreismitte und eine Aufzählung verschiedener Sitzgelegenheiten (s. S. 150)

Spielverlauf

Die Kinder setzen sich der Reihe nach auf den Stuhl in der Mitte und stellen pantomimisch dar, auf welcher Art von Sitz sie sich befinden. Die anderen Mitspieler sollen erraten, was gemeint ist.

Bemerkungen

Die Kinder können sich auch selbst eine Sitzgelegenheit ausdenken. Außerdem kann der Stuhl auch für Pantomimen verwendet werden, in denen er einen anderen Gegenstand darstellt, z. B. einen Regenschirm, eine Gitarre oder einen Rasenmäher. Wie oben sollen die anderen erraten, was dargestellt wird.

Spielzeugladen

Spielzeugladen

Dieses Spiel schult Beobachtungsgabe und Aufmerksamkeit.

Spielmaterial

Eine Musik-CD oder eine Pfeife, außerdem eine Taschenlampe

Spielverlauf

Jedes Kind schlüpft in die Rolle eines Spielzeugs in einem Spielwarenladen, spielt also beispielsweise einen Teddy, eine Puppe, ein Plüschtier, ein Fahrzeug oder einen Ball. Sie nehmen eine passende Anfangsposition ein; wenn dann die Musik beginnt oder ein Pfeifsignal ertönt, erwachen sie zum Leben und bewegen sich auf entsprechende Art und Weise, solange bis die Musik aufhört oder ein zweiter Pfiff ertönt. Dann kehren sie wieder in ihre Anfangspositionen zurück. Richten Sie dann den Schein der Taschenlampe nacheinander auf verschiedene Kinder, die sich im Licht wieder bewegen.

Bemerkungen

Das Spiel kann mit einer Runde beendet werden, in der die Kinder zur Musik Figuren machen.

Besprechen Sie mit den Kindern, warum sie Spielzeug haben und was sie damit lernen können. Gibt es auch Spielwaren für Erwachsene? Neben Spielzeug könnten auch andere Waren aus Geschäften wie oben beschrieben dargestellt werden.

Tactinn

Tastsinn

Dieses Spiel beschäftigt sich mit dem Tastsinn und der Wahrnehmung alltäglicher Gegenstände.

Spielmaterial

Eine Sammlung gebräuchlicher Gegenstände mit etwas ungewöhnlicher Form, z. B. eine Knoblauchpresse, ein besonderer Eierbecher, ein Fichtenzapfen oder ein Rückzugs-Maßband
Außerdem eine Augenbinde und eine Schachtel

Spielverlauf

Bitten Sie um einen Feiwilligen, der sich die Augen verbinden lässt und den ersten Gegenstand in der Schachtel abtastet. Der Spieler soll erraten, was es ist. Damit jeder an die Reihe kommt, ist es ratsam, eine Höchstdauer für jeden Durchgang festzulegen. Um Langeweile zu vermeiden, können Sie dieses Spiel immer wieder kurz in andere Spielstunden einbauen. Erklären Sie den anderen Mitspielern, dass sie den Gegenstand nicht nennen dürfen, solange er nicht erraten wurde.

Bemerkungen

Sie können das Thema „Tastsinn" noch etwas erweitern, indem sie mit den Kindern über ihre Hände sprechen, wie sie aussehen und was man damit alles machen kann. Die Kinder können auch ihre Handflächen vergleichen, um zu sehen, wie verschieden sie sind.

Hasenohren

Hasenohren

Dieses Spiel fördert Beobachtungsgabe und Konzentrationsfähigkeit.

Spielmaterial

Keine Materialien notwendig

Spielverlauf

Ein Kind spielt den Hasen und legt sich zur Darstellung der „Löffel" beide Zeigefinger an die Ohren. Die beiden Sitznachbarn des Spielers sollen nun die Hasenohren vervollständigen: Das Kind zur Rechten streckt einen Zeigefinger hinter dem linken Ohr des „Hasen" aus und das Kind zur Linken macht das Gleiche beim rechten Ohr, so dass die Hasenohren nun aus jeweils zwei Zeigefingern bestehen.

Dann ruft der „Hase" den Namen eines anderen Spielers und die drei Kinder drehen ihre Finger so, dass die Hasenohren in die Richtung dieses Spielers weisen, der neuer „Hase" wird. Der obige Vorgang wird wiederholt. Jedes Mal, wenn ein neuer Hase bestimmt wird, müssen sich die Kinder konzentrieren, um richtig reagieren zu können. Wenn die Nachbarn des Hasen versäumen, die „Löffel" zu vervollständigen, dürfen ihnen nahe sitzende Kinder einen leisen Hinweis geben.

Bemerkungen

Sobald die Kinder das Spiel verstanden haben, kann man das Spiel auf Tempo spielen. Weisen Sie die Kinder darauf hin, dass sie gut aufpassen müssen, um ihren Einsatz nicht zu versäumen.

Körpersprache

Dieses Spiel verlangt Ruhe und Konzentration. Die Kinder sollen versuchen, alle störenden Einflüsse von außen zu ignorieren und genau darüber nachzudenken, was sie gerade tun.

Spielmaterial

Keine Materialien notwendig
Der Raum muss aber groß genug sein, so dass sich jeder Spieler im Liegen ausstrecken kann, ohne den anderen zu berühren.

Spielverlauf

Die Kinder sollen sich auf den Boden legen, die Augen schließen und sich auf das, was Sie sagen, konzentrieren. Sprechen Sie verschiedene Körperteile, beginnend mit den Füßen, an:

Konzentriere dich auf deinen rechten Fuß. Fühl sein Gewicht. Denk an jeden Zeh. Dann an die Fußsohle und die Ferse. Konzentriere dich auf die Fußknöchel. Wiederhole nun das Gleiche mit dem linken Fuß. Denk dir eine Linie zwischen deinem linken Fuß und deinem linken Knie. Stell dir vor, welche Form das Knie hat. Mach das Gleiche mit dem rechten Fuß. Geh nun in Gedanken hoch zu deinem Becken und fühl seine Breite. Nun denk an dein Rückgrat, wie stark und beweglich es ist. Fühl alle Rückenwirbel. Nun geh in Gedanken weiter zu den Schultern; denk daran, wie breit und stark sie sind. Denk an deinen rechten Arm, von der Schulter abwärts bis zum Ellenbogen. Stell dir seine Form vor und wie er sich biegen und drehen lässt. Nun stell dir dein Handgelenk vor, wie beweglich es ist. Dann konzentriere dich auf deine Finger und darauf, wie nützlich und beweglich sie sind. Nun wiederhole das Gleiche mit dem linken Arm. Nun geh in Gedanken hoch zu deinem Kopf. Fühl, wie schwer er ist. Denk an seine Größe und seine Form. Nun lieg einfach ganz ruhig da und genieße den friedlichen Moment, bevor ich euch alle wieder in den Kreis zurückrufe.

Bemerkungen

Passen Sie Ihre Sprache und die Länge der Meditationsübung an die Altersgruppe Ihrer Kinder an. Nach dieser Übung könnten Sie Gruppen von vier oder fünf Kindern die Aufgabe übertragen, sich ein Bewegungsprogramm auszudenken, das bestimmte Körperteile schwerpunktmäßig berücksichtigt.

Begrüßung

Begrüßung

In diesem vergnüglichen Spiel setzen die Kinder ihre Fantasie und ihre sprachlichen Fähigkeiten ein, um einander zu begrüßen.

Spielmaterial

Keine Materialien notwendig

Spielverlauf

Gehen Sie im Kreis herum, während sich alle Spieler gegenseitig begrüßen. Sie sollen dabei ihrer Fantasie freien Lauf lassen und so viele Begrüßungsarten wie möglich finden. Es ist vielleicht hilfreich, vor dem Spiel einige Ideen zu sammeln. Die Kinder könnten sich per Handschlag, mit Händeschütteln oder mit einem Ellenbogenstoß begrüßen. Außerdem soll der Gruß auch verbal erfolgen, der Name des Begrüßten muss also genannt werden, z. B.:

Guten Morgen, Petra!
Hallo, Andi!
Servus, Marion!

Bemerkungen

Achten Sie darauf, dass sich jedes Kind vor Beginn des Spiels für eine Begrüßungsart entschieden hat. Das vermeidet Zeitverschwendung und erhält den Spielfluss aufrecht. Sprechen Sie dann mit den Kindern darüber, warum Grüßen so wichtig und ein Ritual ist. Vielleicht fragen Sie auch, wer interessante Begrüßungsformen aus anderen Ländern kennt. Sie könnten ihnen auch den Auftrag geben, sich darüber zu informieren.

Dingsda II

Dingsda II

Dieses Spiel bietet den Kindern die Möglichkeit, ihren sprachlichen Ausdruck und die Wahrnehmung von Einzelheiten zu schulen.

Spielmaterial

Eine Schachtel mit verschiedenen Gegenständen
Da es bei diesem Spiel um Beschreibungen geht, sollten Sie Dinge mit interessanter Form und Textur aussuchen, z. B. einen Pinienzapfen, ein ungewöhnlich geformtes Blatt, eine gemusterte Perle oder eine Muschel.

Spielverlauf

Jeweils ein Kind kommt zur Schachtel, um einen der Gegenstände darin zu betrachten und zu befühlen. Dann soll das Gesehene beschrieben werden, ohne das Ding beim Namen zu nennen. Die Mitspieler müssen erraten, worum es sich handelt.

Bemerkungen

Dieses Spiel kann immer wieder einmal in andere Spielstunden integriert werden. Es ist sicher hilfreich, vorher mit den Kindern Beschreibungen zu üben und einige Formulierungen zu notieren, auf die sie dann zurückgreifen können. Die Gegenstände und eine schriftliche Beschreibung dazu könnten später ausgestellt werden.

Seiltanzen

In diesem Spiel können auf spannende Weise verschiedenste Bewegungsformen ausprobiert werden. Die Kinder sollen sich eine Vielzahl von Sinneseindrücken und ihre Reaktion darauf vorstellen.

Spielmaterial

Keine Materialien notwendig
Der Spielraum sollte groß genug sein, damit sich die Kinder frei bewegen können.

Spielverlauf

Erläutern Sie den Kindern, dass sie sich vorstellen sollen, auf verschiedenen Oberflächen zu gehen. Sie sollen sich genau überlegen, wie sie auf die Oberfläche, die von Ihnen genannt wird, mit welchen Bewegungen reagieren würden. Geeignete Beispiele wären:

Nasser, zäher Schlamm
Glühende Kohlen
Ein gespanntes Hochseil
Ein Kiesboden, über den man möglichst leise gehen soll
Ein dicker Schwamm
Die Mondoberfläche
Eine Wolke
Ein Fluss
Hohes Gras

Bemerkungen

Das Spiel bereitet noch mehr Spaß, wenn aufgrund einer Verlautbarung des „Ministeriums für verrückte Fortbewegung" jeder auf verrückte Weise gehen muss. Hier zeigt sich der ganze Einfallsreichtum der Kinder.

Bla, bla, bla

Bla, bla, bla

Dieses Spiel befasst sich mit dem Tonfall, dem Gesichtsausdruck und der Körperhaltung beim Sprechen.

Spielmaterial

Eine Zusammenstellung von Sätzen für zwei Gruppen (s. S. 151)

Spielverlauf

Teilen Sie die Kinder in zwei Gruppen, A und B, ein. Jedes Kind erhält einen Satz aus der entsprechenden Liste. Erklären Sie den Spielern nun, dass sie ihre Sätze nur mit „bla, bla, bla" wiedergeben dürfen und die Bedeutung durch ihren Tonfall, ihre Mimik und durch sonstige Mittel der Körpersprache klar machen sollen. Sie sollen sich vorher überlegen, auf welche Weise sie ihren Satz äußern. Dann bekommt jedes Kind von Gruppe A einen Partner der Gruppe B zugeteilt und sie tragen sich nacheinander ihre Unsinns-Sätze vor, die jeweils die Partner erraten sollen.

Bemerkungen

Der Inhalt der Sätze muss natürlich nur annähernd erschlossen werden; wenn der Partner schon nahe an der richtigen Bedeutung ist, darf der Satz verraten werden. Wenn die ratende Person überhaupt keine Ahnung hat, sind natürlich Hinweise erlaubt. Unklare Einzelheiten dürfen durch Nachfragen geklärt werden, die in normaler Sprache beantwortet werden.

Diese Aktivität ist ein guter Ausgangspunkt für ein Gespräch über nonverbale Kommunikation, die sehr wichtig für unsere Verständigung ist. Sie können mit den Kindern darüber diskutieren, wie andere auf das Gesagte möglicherweise besser reagieren, wenn man auf die nichtsprachlichen Ausdrucksmöglichkeiten achtet.

Hutspiel

Hutspiel

Dieses Spiel vertieft das Wissen und die Erfahrung der Kinder in Bezug auf verschiedene Berufsgruppen.

Spielmaterial

Ein Musikstück und fünf oder sechs Kopfbedeckungen, z. B. die Mütze eines Polizisten, der Helm eines Feuerwehrmanns, der Zylinder eines Zauberkünstlers, die Mütze eines Kochs, der Hut eines Kaminkehrers, die Mütze eines Zugschaffners usw.

Spielverlauf

Wählen Sie für jede Kopfbedeckung einen charakteristischen Satz und eine Handlung aus. Zur Polizistenmütze würden etwa der Satz „Der Stadtpark liegt in dieser Richtung." und eine Pantomime des Wegweisens passen. Versuchen Sie, Klischees zu vermeiden.

Das Spiel beginnt mit Musik. Währenddessen wird die Kopfbedeckung im Kreis herumgereicht, bis die Musik gestoppt wird. Das Kind, das die Kopfbedeckung gerade in der Hand hält, sagt den dazugehörigen Satz und führt die Pantomime aus. Dann geht das Spiel weiter. Je nach Erfahrung der Gruppe können dabei weitere Kopfbedeckungen eingeführt werden.

Bemerkungen

Dieses Spiel bietet die Gelegenheit, herauszufinden, warum die Kinder bestimmte Kleidungsstücke oder Accessoires unbedingt tragen wollen oder warum nicht. Sie können mit ihnen über den Druck sprechen, dem man ausgesetzt ist, wenn man zu einer bestimmten Gruppe gehören und von ihr akzeptiert werden möchte.

Schnappschüsse

Schnappschüsse

Dieses Spiel geht der Frage nach, wie vorgefasste Meinungen unsere Urteile über andere Personen beeinflussen.

Spielmaterial

Zeitschriftenfotos, die Personen abbilden
Nehmen Sie keine berühmten Persönlichkeiten, die die Kinder kennen, sondern suchen Sie eher Figuren aus, deren Kleidung und Erscheinungsbild verschiedenen Typen entsprechen, z. B. eine junge, modisch gekleidete Person; einen Geschäftsmann im Anzug; einen Bauern; jemanden, der reich und jemanden, der arm aussieht.

Spielverlauf

Teilen Sie die Kinder in kleine Gruppen ein. Geben Sie jeder Gruppe zwei oder drei Fotos. Sie sollen sie genau betrachten und darüber diskutieren, was diese Leute ihrer Meinung nach tun und welcher gesellschaftlichen Schicht sie angehören. Die Kinder sollen begründen, wie sie zu diesen Schlussfolgerungen gekommen sind. Geben Sie ihnen dafür 20 Minuten Zeit. Danach kehren alle in den Kreis zurück und jede Gruppe wählt eines ihrer Fotos aus und berichtet dazu von ihren Ergebnissen.

Bemerkungen

Sprechen Sie mit den Kindern darüber, dass wir dazu neigen, andere Personen nach der Schnappschuss-Methode, also aufgrund ihres Erscheinungsbildes, zu beurteilen. Fragen Sie nach, ob diese Urteile nicht oft falsch sind und ob sich unsere vorgefassten Meinungen nicht ändern, wenn wir jemanden näher kennen lernen.

Warenpuzzle

Dieses Spiel befasst sich mit Aspekten, die Einfluss auf unsere Entscheidungen haben.

Spielmaterial

Eine Auswahl von Werbeanzeigen in Zeitschriften
Versuchen Sie, solche zu finden, die den Kindern vermutlich nicht vertraut sind. Schneiden Sie alle Textteile weg, die sich auf das beworbene Produkt beziehen, nummerieren Sie die Bilder und notieren Sie sich, welche Produkte dazugehören. Am besten suchen Sie Anzeigen mit starken visuellen Hinweisen, beispielsweise Werbung für Sportkleidung, Schmerzmittel, Betten oder Autos.

Spielverlauf

Zeigen Sie den Kindern in einer Proberunde eine Anzeige, erörtern Sie mit ihnen die visuellen Hinweise auf das Produkt und lassen Sie dann die Kinder raten, wofür geworben wird. Für die nächsten Runden werden Kleingruppen eingeteilt, die jeweils eine Werbeanzeige erhalten. Sie sollen sie genau ansehen und versuchen, Rückschlüsse auf die entsprechende Ware zu ziehen. Danach werden die gefundenen Lösungen im Kreis vorgestellt. Mit Hilfe Ihrer Checkliste können Sie die Richtigkeit überprüfen. Die Gruppen sollten auch ihre Schlussfolgerungen begründen.

Bemerkungen

Zu diesem Thema könnten auch folgende Fragen diskutiert werden:

Sieht die Werbung für ähnliche Produkte ähnlich aus?
Gibt es Anzeigen, die für bestimmte Alters- oder Zielgruppen gedacht sind?
Haben die Kinder irgendwann schon einmal ein Produkt nur wegen der Werbung dafür gekauft?
Wie empfänglich sind die Kinder für Werbung?

Spielregeln

Spielregeln

Dieses Spiel fördert Beobachtungsgabe und logisches Denken.

Spielmaterial

Keine Materialien notwendig

Spielverlauf

Ein Kind verlässt kurz den Raum, während sich die anderen auf eine bestimmte Spielregel für die Runde einigen, z. B. „dass alle Spieler beim Antworten die rechte Hand in die rechte Hüfte stemmen" oder „dass sie nur mit leiser Stimme antworten dürfen". Wenn man sich auf eine Regel einigen konnte, wird das Kind hereingerufen. Es stellt den Mitspielern Fragen, die auf die vereinbarte Art beantwortet werden. Derjenige, der rät, muss so lange fragen, bis er die Regel herausgefunden hat. Für die nächste Runde wird eine andere Regel bestimmt.

Bemerkungen

Am besten bespricht man schon vor dem Spiel einige solcher Regeln mit den Kindern, damit sie sich später schneller einigen. Setzen Sie ein Zeitlimit für jede Runde, um den Spielfluss zu erhalten.

Augenzeugenbericht

Dieses Spiel regt die Kinder dazu an, auf Einzelheiten zu achten. Sie arbeiten in Kleingruppen zusammen und jedes Kind ist gleichermaßen am Ergebnis beteiligt.

Spielmaterial

Einige Vorkommnisse, die auf ein Flipchart notiert wurden, beispielsweise ein Verkehrsunfall, eine Geschäftseröffnung, ein Einbruch oder ein Wasserrohrbruch in einem Restaurant

Spielverlauf

Bilden Sie Vierer- oder Fünfergruppen und geben Sie jeder Gruppe ein Ereignis zum Vorbereiten der Zeugenaussagen. Einer in jeder Gruppe spielt einen Reporter, die anderen spielen Augenzeugen und sollen von ihren Beobachtungen berichten. Erklären Sie ihnen, dass sie sich auf die Details konzentrieren sollen, also, wer anwesend war, wie diese Person handelte und was sie sagte. Der Reporter befragt die Augenzeugen zu diesem Ereignis. Nach etwa 20 Minuten kehren alle in den Kreis zurück und jede Gruppe darf ihr Rollenspiel aufführen.

Bemerkungen

Sie können das Spiel erweitern, indem sie zu demselben Vorkommnis verschiedene Zeitungsartikel sammeln und die Kinder untersuchen lassen, ob sich die Berichte in Einzelheiten voneinander unterscheiden. Sprechen Sie auch mit den Kindern darüber, warum sich die Berichte von Augenzeugen oft widersprechen, obwohl alle eigentlich das Gleiche gesehen haben. Die Kinder können auch einige Minuten lang ein Bild betrachten und Sie fragen später, was ihnen daran alles aufgefallen ist.

Zuordnungsspiel

Zuordnungsspiel

Ein schnelles Denkspiel, das die Aufmerksamkeit auf Einzelheiten lenkt und Spaß macht.

Spielmaterial

Kärtchen, die mit Überbegriffen beschriftet sind (s. S. 152), eine Schachtel und ein „Gesprächsgegenstand"

Spielverlauf

Beginnen Sie das Spiel mit einem Freiwilligen, der eine Karte aus der Schachtel zieht und versucht, möglichst schnell sechs passende Wörter zu diesem Überbegriff zu finden. Währenddessen wandert der „Gesprächsgegenstand" im Kreis von einem Spieler zum nächsten. Es sollte eine ganze Runde geschafft werden, bevor der erste Spieler alle Unterbegriffe gefunden hat.

Bemerkungen

Sie können auch jedem Kind eine bestimmte Karte zuteilen, wenn Sie lieber kontrollieren, welchen Überbegriff es bearbeiten soll.

Weitere Aktivitäten

Brief- und Handtaschen

Lassen Sie die Kinder raten, welche Dinge in den Brieftaschen von Männern und den Handtaschen von Frauen zu finden sein könnten. Vergleichen Sie die Aufzählungen, um Gemeinsamkeiten und Unterschiede herauszuarbeiten. Dann können die Kinder darüber abstimmen, welcher der Artikel ihrer Meinung nach jeweils der wichtigste für eine Frau oder einen Mann ist.

Farbkleckse

Die Kinder machen beliebige Farbkleckse auf Papier. Mit Filzstiften malen sie dann aus den Klecksen wirkliche oder erfundene Tiere.

Schnörkel

Mit geschlossenen Augen zeichnen die Kinder Schnörkel auf ein Blatt Papier. Danach sollen sie daraus Bilder gestalten.

Brieffreund

Die Kinder sollen sich vorstellen, sie hätten einen Brieffreund und schreiben ihm einen Brief, in dem sie sich selbst, ihr Zuhause, ihre Familie und ihre Hobbys beschreiben.

Bildergeschichten

Sammeln Sie einige Cartoons und schwärzen Sie eventuell vorhandenen Text. Die Kinder sollen selbst eine kleine Geschichte dazu schreiben.

Zeugenaussagen

Spielen Sie den Kindern eine kurze Sequenz eines Videofilms vor und stellen Sie dann Fragen dazu. Zur Überprüfung der Antworten wird der Filmabschnitt noch einmal gezeigt.

Mit Musik motivieren

Musik kann Gefühle vertiefen, neue Energien wecken und inspirieren. Die Spiele in diesem Kapitel verwenden Rhythmus und Musik, um zu beleben, Spannungen zu lösen, zu beruhigen, die Aufmerksamkeit zu sammeln und die Einbildungskraft zu stimulieren. Ein ruhiger und gleichmäßiger Rhythmus kann die Bewegungen der Kinder unterstützen. Generell erzeugt Musik eine warme, positive Atmosphäre, in der Selbstachtung gedeiht.

Taktklatschen

Dieses Spiel nutzt Rhythmus und Tempo, um die Konzentrationsfähigkeit zu steigern.

Spielmaterial

Einfache Schlaginstrumente aus Holz oder kurze Musikpassagen mit wechselnden Tempi, z. B.:

„Die Fossilien" aus dem *Karneval der Tiere* von Saint-Saëns
„Nimrod" aus den *Enigma-Variationen* von Elgar
Aktuelle Popmusik

Die Kinder sollen einem einfachen Rhythmus genau zuhören, der durch Schlaginstrumente oder durch abgespielte Musik erzeugt wird. Wenn sie den Rhythmus zum zweiten Mal hören, sollen sie versuchen, im richtigen Takt dazu zu klatschen.

Bemerkungen

Für die Kinder ist es leichter, wenn Sie mitklatschen. Die Kinder können dann genau auf Ihre Hände achten und es selbst versuchen. Mit etwas Erfahrung finden die Kinder das Tempo selbst. Ausgehend von dieser Übung können die Kinder auch einen eigenen Rhythmus ohne Musikvorlage entwickeln. Man kann mit ihnen auch Kinderreime sprechen und dazu den Rhythmus klatschen.

Taktspringen

Taktspringen

Dieses Spiel schult das Hörverständnis, macht Spaß, weckt Energien und erfordert Konzentration.

Spielmaterial

Ein Kassettenrekorder oder CD-Spieler und Musik mit einem kräftigen, durchgängigen Rhythmus, wie z. B.:

„Königlicher Marsch des Löwen" aus dem *Karneval der Tiere* von Saint-Saëns
Aktuelle Popmusik
„Die Ankunft der Königin von Saba" aus *Salomo* von Händel

Spielverlauf

Die Kinder sollen sich das Musikstück zuerst genau anhören und sich dann zum Rhythmus bewegen. Sie sollen versuchen, sich dem Takt der Musik anzupassen. Vor dem Spiel können Sie Bewegungsarten vorschlagen, beispielsweise gehen, marschieren, hüpfen, hopsen, springen oder auf Zehenspitzen gehen.

Bemerkungen

Wenn die Kinder darin etwas Übung haben, dürfen sie auch selbst Bewegungsarten vorschlagen. Sprechen Sie mit ihnen darüber, warum sie Musik mögen, wie sie sich dabei fühlen und warum Musik uns soviel Freude macht.

Orchesterbegleitung

Dieses Spiel regt Kinder an, selbst zu musizieren. Um den nötigen Effekt zu erzielen, müssen sie gut zuhören und sich konzentrieren.

Spielmaterial

Eine Anzahl von Schlaginstrumenten, z. B. ein Tamburin, mehrere Triangel, Rasseln und Schlaghölzer
Aufnahmen bekannter Lieder und ein Kassettenrekorder oder CD-Spieler

Spielverlauf

Stellen Sie die Instrumente vor und lassen Sie die Kinder damit einige Zeit experimentieren. Legen Sie dann gemeinsam mit ihnen fest, welches Lied sie für dieses Spiel singen wollen und wann und wie sie die Instrumente dabei einsetzen sollen. Die Kinder werden nach Instrumenten in Gruppen eingeteilt und Sie dirigieren sie mit Handbewegungen. Proben Sie das Stück mehrere Male, bis es gut gespielt wird. Dann können Sie es aufnehmen und beim Anhören eventuell Verbesserungsvorschläge machen.

Bemerkungen

Die Kinder werden begeistert sein, wenn sie ihr Lieblingslied selbst begleiten dürfen. Bilden Sie dazu Gruppen aus fünf bis sechs Spielern.
Die Schlaginstrumente können auch selbst hergestellt werden, z. B. Rasseln oder Trommeln. Die Kinder können in Zweiergruppen ihrer Fantasie beim Entwerfen freien Lauf lassen.

Musikträume

Musikträume

Bei diesem Spiel ist die Einbildungskraft der Kinder gefragt, die sich zu bestimmten Musikstücken Szenen ausdenken sollen. Dieses Spiel wirkt entspannend und fördert die Aufmerksamkeit.

Spielmaterial

Ein Kassettenrekorder oder CD-Spieler und Musik, die verschiedene Stimmungen ausdrückt, wie z. B.:

Ein Amerikaner in Paris von Gershwin
Shepherd Moons von Enya
„Golliwogg's Cake-Walk" aus *Children's Corner* von Débussy
„Das Troikalied" aus der Suite zu *Leutnant Kije* von *Prokófiev*

Spielverlauf

Spielen Sie den Kindern ein Musikstück vor und fragen Sie, welche Szenerien sie sich dabei vorstellen. Ein lebhaftes Stück könnte an einen Zirkus, Rummelplatz oder an den Karneval erinnern, ein ruhigeres Stück dagegen an einen verlassenen Strand oder einen stillen Wald. Einigen Sie sich mit den Kindern auf eine Szene und spielen Sie dann das Stück noch einmal, während die Kinder ruhig dasitzen, sich entspannen und die Augen schließen. Bereiten Sie sich darauf vor, die vorgestellte Szenerie während des Stücks mit Details auszuschmücken.

Bemerkungen

Sprechen Sie mit den Kindern darüber, was sie sich beim Zuhören vorgestellt haben und wie es ihnen eingefallen ist. Waren ihre Vorstellungen ähnlich oder verschieden? Fragen Sie danach, wodurch Musik ihrer Meinung nach bei uns verschiedene Vorstellungen erzeugt.

Stimmenorchester

Dieses Spiel macht viel Spaß und fördert die Konzentrationsfähigkeit.

Spielmaterial

Ein Kassettenrekorder oder CD-Spieler

Spielverlauf

Sie können dieses Spiel zu einer einprägsamen Melodie gestalten oder sich vorher darüber Gedanken machen, wie das Ergebnis in etwa klingen sollte. Teilen Sie die Kinder in Vierer- oder Fünfergruppen ein. Jede Gruppe bekommt eine andere Silbe, z. B. „bum bum", „da da da" oder „ting ting", und eine andere Tonhöhe für diese Silbe. Dirigieren Sie die Kinder mit Handbewegungen, wenn sie die Melodie proben. Vorher sollten Sie bestimmte Zeichen für „Pause", „Anfang", „leiser" und „lauter" vereinbaren. Üben Sie mit Ihrem Stimmenorchester, bis Sie ein gutes Klangergebnis erzielt haben, dann machen Sie eine Aufnahme. Die Kinder geben ihren Kommentar dazu ab, was ihnen gut gefällt und woran sie noch arbeiten möchten.

Bemerkungen

Es macht den Kindern auch viel Freude, ihr eigenes Stimmenorchester zusammenzustellen und sich dafür selbst Laute auszudenken. Sie werden staunen, wie einfallsreich die Kinder sein können.

Tempowechsel

Tempowechsel

Dieses Spiel fördert auf unterhaltsame Weise die Fähigkeit zuzuhören. Die Kinder müssen sich konzentrieren, wenn sie im Takt bleiben wollen.

Spielmaterial

Keine Materialien notwendig

Spielverlauf

Wählen Sie ein oder zwei einfache, vertraute Lieder aus. Erläutern Sie den Kindern zu Beginn, dass Sie, während das Lied gesungen wird, das Tempo wechseln werden und dass sie gut aufpassen müssen, um den richtigen Takt zu halten. Am besten beginnen Sie das Spiel mit gemeinsamem Singen und führen vorher Handzeichen ein, mit denen Sie dann den Tempowechsel ankündigen. Sie können ebenfalls schnelleres oder langsameres Klatschen bzw. ein Metronom verwenden.

Bemerkungen

Es ist auch möglich, Bewegungen, wie etwa Marschieren, einzusetzen. Als „Dirigent" könnte sich einer der Spieler freiwillig melden. Sobald die Kinder im Tempowechsel geschult sind, können Sie auch andere Handbewegungen einführen, um die Dynamik zu kontrollieren.

Bewegung zur Musik

Dieses Spiel fördert die Kreativität der Kinder.

Spielmaterial

Keine Materialien notwendig

Spielverlauf

In Gruppenarbeit suchen sich die Kinder ein bekanntes Lied aus und überlegen sich, mit welchen Körperaktivitäten, vor allem Handbewegungen, es begleitet werden könnte. Geben Sie jeder Gruppe eine Viertelstunde Zeit, um den Bewegungsablauf einzuüben und rufen Sie sie dann in den Kreis zurück. Die Gruppen führen allen anderen ihre „Kompositionen" vor.

Bemerkungen

Falls Sie denken, dass es den Kindern schwer fallen würde, ein Lied auszusuchen, sollten Sie vorher mit ihnen einige Lieder zusammenstellen. In einer weiteren Spielrunde könnten Sie eines der „Bewegungslieder" noch einmal aufführen lassen und dabei pro Strophe immer wieder ein Wort weglassen, wie bei „Jetzt fahrn wir übern See, übern See".

Musik und Dichtung

In diesem Spiel entspannen sich die Kinder bei Hintergrundmusik und hören aufmerksam einem Erzählgedicht zu.

Spielmaterial

Ein Kassettenrekorder oder CD-Spieler und ein ruhiges Instrumentalstück, z. B.:

Lark Ascending von Vaughan Williams
Shepherd Moons von Enya
„Der Schwan" aus dem *Karneval der Tiere* von Saint-Saëns

und ein passendes Erzählgedicht, z. B.:

„Das Walross und der Zimmermann" aus *Alice im Spiegelland* von Lewis Carroll
„Die Heinzelmännchen zu Köln" von August Kopisch
„Die allerkleinste Poststation" von James Krüss

Spielverlauf

Die Kinder legen sich auf den Boden und schließen die Augen. Spielen Sie das Musikstück leise ab und sagen Sie ihnen, sie sollen sich entspannen, alle Ablenkungen ausschalten und sich ganz auf Ihre Stimme konzentrieren. Lesen Sie das Gedicht deutlich zur Hintergrundmusik vor.

Bemerkungen

Sprechen Sie danach mit den Kindern über das Gedicht, um sicherzugehen, dass sie die Geschichte verstanden haben. Fragen Sie, ob ihnen diese Stunde gefallen hat. Ältere Kinder können selbst in Partner- oder Gruppenarbeit einen ähnlichen Vortrag mit eigenen Text- und Musikvorschlägen gestalten. Voraussetzung ist, dass sie sanfte Musik verwenden, die den Text ergänzt.

Weitere Aktivitäten

Balladen

Suchen Sie ein Lied mit durchgehender Handlung aus, beispielsweise eine Ballade, und lassen Sie die Kinder darüber diskutieren, was die Musik zur darin erzählten Geschichte beiträgt.

Hintergrundmusik

Lassen Sie während einer Arbeitsphase Musik laufen und fragen Sie die Kinder später, ob sie sich mit der Musik besser konzentrieren konnten.

Musikinspiration

Dafür benötigen Sie die Hilfe einer erwachsenen Person als Aufsicht. Teilen Sie die Kinder in zwei Gruppen ein. Jede Gruppe erhält die gleiche Überschrift für eine Geschichte. Die Gruppen arbeiten in verschiedenen Räumen und hören kontrastierende Musikstücke zur vorherrschenden Stimmung, während sie eine Geschichte zu der Überschrift ausarbeiten. Vergleichen Sie hinterher die Geschichten, um zu sehen, ob die Musik die Vorstellungen der Kinder beeinflusst hat.

Musikfortschritt

Spielen Sie den Kindern Musikbeispiele verschiedener Entstehungszeiten vor und erörtern Sie mit ihnen, wie sich der Musikstil durch die Jahrhunderte entwickelt und verändert hat. Lassen Sie sich von den Kindern berichten, welche speziellen Veränderungen ihnen aufgefallen sind.

Volkstanz

Die Kinder von heute tanzen sehr selten miteinander. Bringen Sie ihnen im Sportunterricht einen Volkstanz mit passender Musik bei.

Balletteinlage

Lassen Sie die Kinder in einer Sportstunde eine Tanzeinlage zu ihrer Lieblingsmusik gestalten und einüben.

Sich bewegen

Die Spiele in diesem Kapitel bieten der Gruppe Gelegenheit, Spaß zu erleben und Dampf abzulassen. Sie können eingesetzt werden, um zu beleben, Anspannungen zu lösen oder zu beruhigen. Das gemeinsame Vergnügen daran wirkt sich positiv auf die Harmonie in der Gruppe aus.

Bewegungen nachahmen

Dieses Spiel weckt Energien und bringt alle in Bewegung.

Spielmaterial

Keine Materialien notwendig
Voraussetzung ist aber eine große Fläche, auf der man sich frei bewegen kann.

Spielverlauf

Die Kinder überlegen sich vorher, auf welche Weise sich bestimmte Tiere, Personen oder Dinge fortbewegen. Ein Hund rennt beispielsweise, ein Frosch hüpft, ein Traktor fährt langsam über schlammigen Boden, ein Tiger schleicht sich an, ein Riese marschiert mit großen Schritten usw.

Wenn Sie eines der gefundenen Beispiele nennen, sollen die Kinder die dazugehörige Fortbewegungsart nachahmen.

Bemerkungen

Sie können auch allgemein eine Fortbewegungsart nennen und die Kinder stellen pantomimisch ein Beispiel dazu dar, beispielsweise „etwas, das hüpft", „etwas, das sich sehr langsam bewegt", „etwas, das sich durchs Wasser bewegt", „etwas mit Rädern" usw.

Sich rütteln und schütteln

Sich rütteln und schütteln

Dieses belebende Spiel bietet einer Gruppe Spaß
und kräftige Bewegung.

Spielmaterial

Keine Materialien notwendig

Spielverlauf

Vom Kopf bis hinunter zu den Füßen sollen die Kinder alle möglichen Körperteile schütteln oder mit ihnen wackeln. Nennen Sie Kopf, Schultern, Arme, Hände, Finger, Hüften, Beine und Füße. Die Kinder sollen ausprobieren, wie viele Köperteile sie gleichzeitig bewegen können.

Bemerkungen

Eine Variante des Spiels geht so: Sie nennen Körperteile in verschiedener Reihenfolge und die Kinder müssen richtig darauf reagieren. Sie können auch mehrere Körperteile miteinander koordinieren, beispielsweise „den Kopf schütteln", „mit den Fingern wackeln", „mit den Schultern, Knien und Zehen wackeln". Planen Sie am Ende der Spielstunde einige Minuten zur Beruhigung ein.
Spielen Sie dasselbe Spiel, nur dass dieses Mal der Körper nicht in Bewegung, sondern zur Ruhe gebracht werden soll. Bei jedem Körperteil, das Sie nennen, sollen sich die Kinder darauf konzentrieren, wie es sich immer müder und schwerer anfühlt.

Tauwetter

Tauwetter

Dieses Spiel hilft dabei, sich nach ermüdenden Aktivitäten oder intensiver Konzentration wieder zu regenerieren.

Spielmaterial

Keine Materialien notwendig

Spielverlauf

Die Kinder stellen sich vor, Figuren aus Eis zu sein. Zuerst stehen sie hochgestreckt und aufrecht da. Dann kommt die Sonne hinter den Wolken hervor. Nun schmelzen die Skulpturen in der Wärme und werden langsam immer kleiner, bis schließlich nur noch eine kleine Wasserpfütze übrig bleibt. Dieser Vorgang soll pantomimisch dargestellt werden.

Bemerkungen

Wenn Sie vor dieser Übung eine andere Aktivität einschieben wollen, dann lassen Sie die Kinder in Partnerarbeit spielen, wie sie eine Skulptur aus einem Eisblock hauen.

Marionetten

Marionetten

Dieses Spiel verbindet Konzentration mit körperlicher Aktivität.

Spielmaterial

Keine Materialien notwendig

Spielverlauf

Zählen Sie einige Körperteile, beginnend beim Kopf bis hinunter zu den Füßen, auf und nennen Sie dazu verschiedenste Bewegungen, z. B. „mit dem Kopf nicken", „mit den Augen zwinkern", „den Mund auf- und zuklappen", „den Nacken beugen", „die Schultern zucken", „die Arme strecken", „mit den Fingern wackeln", „die Taille herumdrehen", „sich in der Hüfte wiegen", „die Knie anwinkeln", „mit den Füßen hüpfen". Gehen Sie diese Reihenfolge zweimal durch. Dann ändern Sie die Anweisungen, so dass die Kinder genau zuhören müssen, z. B. „Arme drehen", „die Hüfte beugen", „mit den Schultern wackeln" usw.

Bemerkungen

Die Kinder sollen sich in einer Reihe aufstellen und schnell nacheinander die gleiche Bewegung ausführen, so dass ein Welleneffekt entsteht, dann wiederholen Sie die Übung im Kreis und geben zusätzlich Kommandos zur Richtungsänderung.

Klatschen und rufen

Dieses Spiel fördert die Konzentrationsfähigkeit
und macht großen Spaß.

Spielmaterial

Klebeetiketten (eines für jeden Spieler)

Spielverlauf

Geben Sie jedem Kind ein selbstklebendes Etikett mit einer Nummer. Der erste Spieler sagt seine Nummer und die eines Mitspielers, dieser sagt wiederum die eigene Nummer und die eines dritten Spielers usw. Alle anderen klatschen zwischen den Nummernpaaren zweimal in die Hände.

Bemerkungen

Um sicherzugehen, dass jeder an die Reihe kommt, können Sie das Spiel im Stehen beginnen. Wenn ein Spieler an der Reihe war, setzt er sich hin.

Schnell reagieren

Schnell reagieren

Dieses Spiel bereitet viel Vergnügen, erfordert aber Konzentration.

Spielmaterial

Keine Materialien notwendig

Spielverlauf

Die Kinder stehen im Kreis. Ein Spieler beginnt mit einer bestimmten Bewegung, z. B. „zweimal klatschen" oder „sich einmal auf die Knie klopfen". Das machen alle nach, bis Sie ein anderes Kind an der Schulter berühren. Dieses Kind führt nun eine andere Aktion vor, die wieder von allen nachgemacht wird. Die Kinder müssen sich darauf konzentrieren, den Wechsel zu einer neuen Bewegung zu bemerken und diese richtig nachzuahmen.

Bemerkungen

Es ist vielleicht hilfreich, vorher mit den Kindern geeignete Bewegungen aufzuzählen, um später Verzögerungen zu vermeiden. Eine Spielvariante wäre, die Kinder hintereinander statt alle gleichzeitig die vorgeführte Bewegung machen zu lassen. Um das Spiel wirklich spannend zu gestalten, könnten Sie zwei verschiedene Aktionen gleichzeitig in Umlauf bringen.

Kettenreaktion

Dieses Spiel beteiligt alle Gruppenmitglieder und macht Spaß.

Spielmaterial

Keine Materialien notwendig

Spielverlauf

Die Kinder sollen sich mit dem Rücken zu Ihnen in einer Reihe aufstellen. Erklären Sie ihnen, dass sie sich erst dann umdrehen dürfen, wenn sie an der Schulter berührt werden. Klopfen Sie nun dem ersten Kind auf die Schulter. Nachdem es sich umgedreht hat, führen Sie ihm eine Bewegung vor und sagen: „Mach weiter!". Das Spiel geht reihum bis zum letzten Spieler, dessen Aktion Sie nun mit der ersten vergleichen können.

Bemerkungen

Es wird den Kindern gefallen, das Tempo des Spiels zu steigern. Sie können eine Stoppuhr verwenden, um die Bestzeit festzustellen. Die Ersten, die das Spiel beginnen, können vor jeder Runde wechseln.

Bewegungsorchester

Bewegungsorchester

Mit diesem Spiel können Sie die Kinder je nach Notwendigkeit entweder beleben oder beruhigen.

Spielmaterial

Keine Materialien notwendig; aber genügend Platz, um sich frei bewegen zu können

Spielverlauf

Bilden Sie Vierergruppen und weisen Sie jeder Gruppe eine Bewegung zu, die sie ausführen soll, z. B. „auf der Stelle laufen" oder „hoppeln wie ein Hase". Vereinbaren Sie vorher bestimmte Handbewegungen, mit denen Sie die Kinder dirigieren werden. Sie benötigen Zeichen für „diese Gruppe bewegt sich", „diese Gruppe bewegt sich nicht", „langsamer", „schneller", „alle zusammen" und „alle hören auf". Koordinieren Sie die Aktionen wie bei einem Orchester, indem Sie die Einsätze der einzelnen Gruppen und das Tempo wechseln.

Bemerkungen

Wenn die Kinder das Spiel öfters gemacht haben, können sie ihre eigenen Aktionen erfinden und einer von ihnen darf dirigieren.

Verfolgungsjagd

Dieses schnelle und kämpferische Bewegungsspiel
für die ganze Gruppe macht allen Spaß.

Spielmaterial

Keine Materialien notwendig

Spielverlauf

Die Kinder stehen in einem großen Kreis und halten etwas Abstand zueinander. Sie sollen sich vorstellen, Hexenmeister zu sein, die die Gestalt anderer Leute verändern können. Zwei Spieler beginnen: Einer hat sich in eine Katze verwandelt, der andere in eine Maus. Die Katze verfolgt die Maus, die durch die Lücken zwischen den Spielern läuft. Zu einem beliebigen Zeitpunkt kann das verfolgte Kind einem Mitspieler auf die Schulter klopfen und ihm mit den Worten „Ich verwandle dich in ..." eine Gestalt geben, die dem Verfolger Schrecken einjagt, so dass er selbst zum Gejagten wird (bei diesem Beispiel also vielleicht ein Hund).

Erklären Sie den Kindern vorher, dass der Verfolger nicht unbedingt größer sein muss: Eine Maus könnte z. B. einen Elefanten verfolgen. Während der Verwandlung wird die Verfolgungsjagd kurz unterbrochen.

Bemerkungen

Möglicherweise ist es hilfreich, vorher geeignete Verwandlungen durchzusprechen. Sobald die Kinder die Spielidee begriffen haben, werden sie eigene Einfälle haben. Es müssen nicht immer Tiere sein, die Spieler können auch in Feuer, Eis oder Dunkelheit verwandelt werden. Wenn ein Kind eine Verwandlung vorschlägt, deren Nutzen bezweifelt wird, entscheiden Sie entweder selbst, wer nun der Jäger und wer der Gejagte ist, oder lassen Sie die ganze Gruppe darüber abstimmen.

Bewegungszirkel

Bewegungszirkel

Hierbei handelt es sich um ein lebhaftes und vergnügliches Spiel, das die Konzentrationsfähigkeit fördert.

Spielmaterial

Keine Materialien notwendig

Spielverlauf

Die Kinder bilden einen großen Kreis. Sie sollen sich nun nacheinander in verschiedenen Gangarten im Kreis herumbewegen, z. B. erst hüpfen, dann hoppeln, kriechen, seitwärts gehen, langsam rückwärts gehen, galoppieren, wie ein Frosch hüpfen usw. Die Kinder müssen dabei gut auf die Kommandos Acht geben, um nicht zusammenzustoßen.

Bemerkungen

Wenn Sie das Spiel mit den Kindern mehrmals gemacht haben, können Sie vielleicht auch eine Anweisung zur Richtungsänderung einbauen. Die letzte Spielrunde ist am besten etwas langsamer, damit sich die Kinder wieder beruhigen können. Fragen Sie nach neuen Vorschlägen für Fortbewegungsarten, um zu sehen, wie einfallsreich sie dabei sind. Eventuell können die Anweisungen später auch von den Kindern selbst gegeben werden.

Ball-Pantomime

Dieses Spiel hilft, darstellerische Fähigkeiten zu entwickeln, und richtet die Aufmerksamkeit der Kinder auf das, was sie gerade tun.

Spielmaterial

Keine Materialien notwendig

Spielverlauf

Die Kinder sollen so tun, als ob sie mit einem Ball spielen würden und dabei besonderen Wert auf eine realistische Darstellung des zeitlichen Ablaufs legen. Zuerst sollen sie so tun, als ob sie einen Ball aufspringen lassen. Dann folgen andere Ballbewegungen, z. B. „werfen und fangen", „rollen", „über ein Netz werfen", „mit dem Fuß kicken", „dribbeln", „einwerfen und schießen wie beim Fußball" usw. Zusammen mit einem Partner können die Spieler das Hin- und Herwerfen eines Balls pantomimisch darstellen.

Bemerkungen

Teilen Sie Gruppen ein und lassen Sie jede Gruppe eine Pantomime für ein anderes Ballspiel gestalten, beispielsweise für Handball oder Völkerball.

Hierbei müssen auch die Bewegungen der Spieler mitbedacht werden. Nach einer Viertelstunde kehren die Gruppen in den Kreis zurück und führen ihre Pantomimen vor.

Countdown

Countdown

Dieses Spiel kombiniert Bewegung mit Konzentration und bereitet viel Vergnügen.

Spielmaterial

Keine Materialien notwendig

Spielverlauf

Zählen Sie, wie viele Personen sich einschließlich Ihnen im Raum befinden. Mit dieser Zahl beginnen Sie den Countdown. Die Kinder sitzen im Kreis und zählen rückwärts. Jeder Spieler kann aufstehen und die nächste Zahl rufen. Wenn allerdings zwei Spieler gleichzeitig aufstehen, muss noch einmal mit dem Zählen begonnen werden. Bei „1" stehen alle auf, heben die Arme und rufen: „Die Rakete hebt ab!"

Bemerkungen

Die Kinder müssen genau darauf achten, wer gerade aufsteht, um die Runde nicht vorzeitig zu beenden. Wenn sie einmal die Regel begriffen haben, können sie versuchen, eine Spielrunde so schnell wie möglich zu schaffen.

Sich auf die Insel retten

Dieses Spiel unterstützt Kooperationsbereitschaft und Vorstellungskraft.

Spielmaterial

Ein Kassettenrekorder oder CD-Spieler und Musik; außerdem kleine rutschfeste Matten

Spielverlauf

Verteilen Sie die Matten, die Inseln darstellen sollen, im Raum. Die Kinder sollen sich, während die Musik eingeschaltet ist, um die Matten herum im „Wasser" bewegen und wenn die Musik aufhört, einen Platz auf einer „Insel" finden, sonst scheiden sie aus. Kündigen Sie an, dass Sie in jeder Runde eine Matte entfernen werden und dass alle Spieler kooperieren müssen, damit so viele wie möglich auf einer „Insel" Platz finden. Jeder, der mit einem Fuß im Wasser angetroffen wird, scheidet aus und muss eine Runde aussetzen.

Bemerkungen

Gegen Ende der Spielstunde können Sie das Inselspiel wie „Reise nach Jerusalem" spielen. Pro Runde gibt es immer eine Matte weniger als es Spieler sind. Jeder Spieler besetzt eine Matte, bis schließlich ein Sieger feststeht.

Weitere Aktivitäten

Weitere Aktivitäten

Dreibein-Rennen

Die Kinder sollen sich vorstellen, sie wären ein dreibeiniges Geschöpf. Dabei laufen sie mit einem Partner um die Wette.

Ballspiel im Kreis

Verbessern Sie die Balltechnik jüngerer Kinder, indem Sie jedem Spieler im Kreis den Ball entweder zurollen oder mit/ohne Aufprallen zuwerfen.

Mannschaftswettbewerb

Zwei Mannschaften stellen sich in zwei Reihen auf. Jeder Spieler gibt den Ball entweder über dem Kopf oder zwischen den Beinen an den nächsten weiter. Wenn der letzte Spieler an der Reihe ist, läuft er mit dem Ball zum Reihenanfang und der Ball wandert wieder in gleicher Weise von vorn nach hinten, bis der erste Spieler der ersten Runde am Ende der Reihe angelangt ist.

Planungsrunde

Teilen Sie die Kinder in Gruppen ein und lassen Sie jede Gruppe eine von ihnen selbst gewählte Aktion planen. Danach folgt eine Diskussion der Pläne, um zu sehen, ob sie auch wirklich durchführbar sind.

Bewegungsvielfalt

Die Kinder sollen sich so viele Fortbewegungsarten wie möglich mit den Füßen, mit Händen und Füßen oder zusammen mit einem Partner ausdenken.

Fitness-Aktivitäten

Sprechen Sie mit den Kindern darüber, wie wichtig für sie körperliche Bewegung ist. Fragen Sie, welche Folgen es hat, wenn sich jemand nicht genügend körperlich betätigt. Lassen Sie sich von ihren sportlichen Aktivitäten in oder außerhalb der Schule berichten.

Kopiervorlagen

Paare bilden und Ja oder Nein

 Katze	 Buch	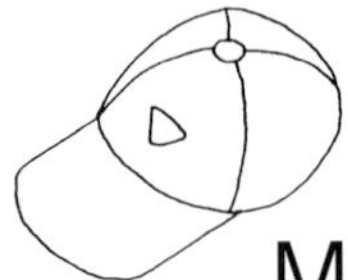 Mütze
 Haus	 Tasse	 Henne
 Hund	 Baum	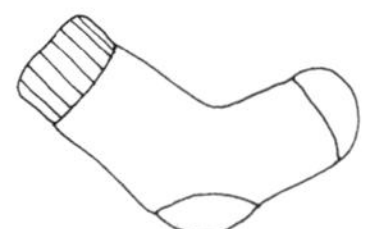 Socke
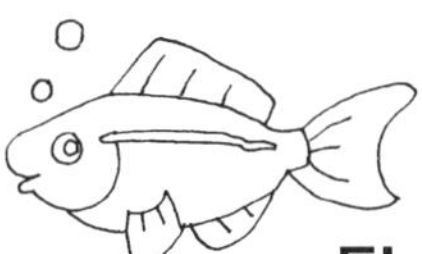 Fisch	 Blume	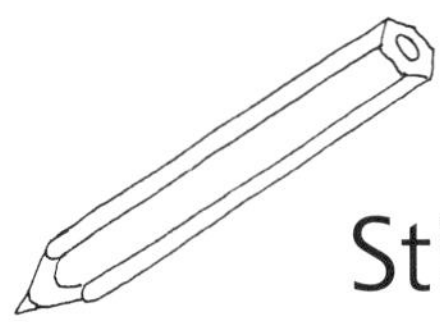 Stift
 Teddy- bär	 Schuh	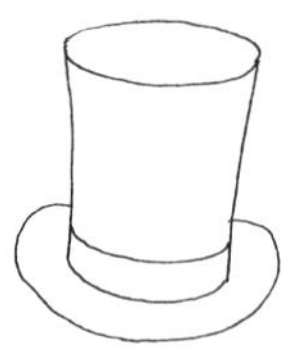 Hut
 Auto	 Löffel	 Stuhl

Bildergeschichten (1)

Bildergeschichten (2)

Ja oder Nein

Fahrrad	Roller	Baum
Schwimm- becken	Hund	Kuchen
Boot	Frosch	Kranken- wagen
Berg	Schaukel	Zeitung
Fallschirm	Feuerwehrauto	Blume
Fußball	Wasserkocher	Zug
Löffel	Traktor	Füller
Halskette	Computer	Pausenbrot
Hut	Fernseher	Teller
Telefon	Lastwagen	Flugzeug
Apfel	Schuh	Geldbörse
Auto	Lineal	Armbanduhr

Bilder sagen mehr als 1000 Worte

U-Boot Elefant Wasserfall	Vulkan Zelt Eisbär	Berg Riese Kinderwagen
Palast Diamant Tiger	Flaschengeist Bettdecke Boot	Kuchen Zug Regenschirm
Stinktier Dschungel Korb	Zauberhut Gold Teppich	Spinne Banane Picknick
Museum Papagei Armband	Pantoffel Motorrad Tal	Lawine Steinbock Schlamm
Stern Festessen Schlange	Krone Strauß Mantel	Eiche Supermann Wal
Drache Eis Rakete	See Kerker Höhle	Feuerwerk Insel Gorilla

Kartenquartett

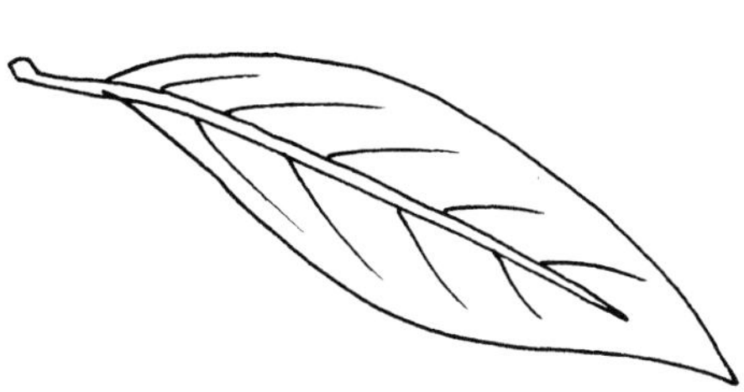

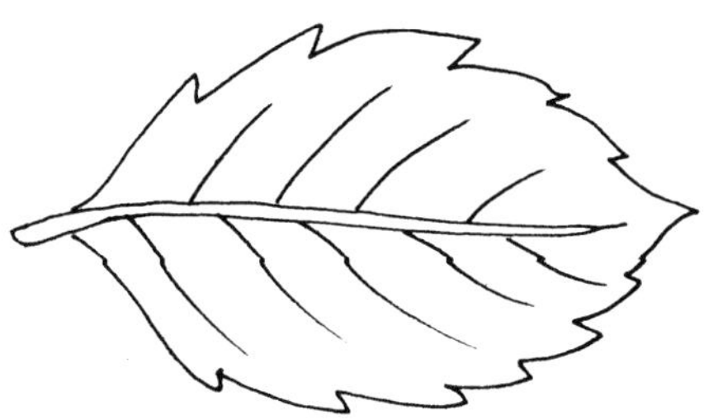

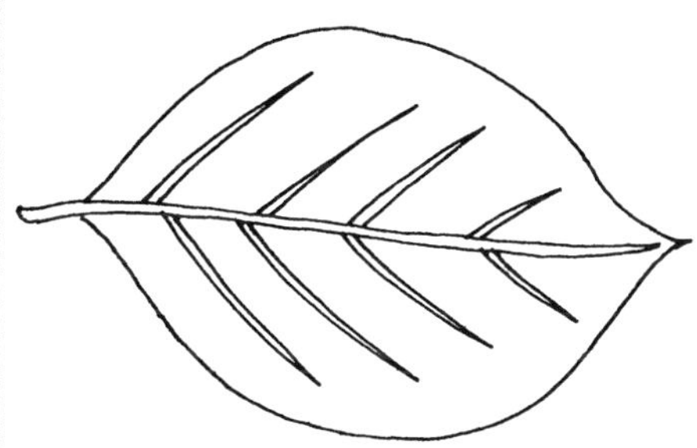

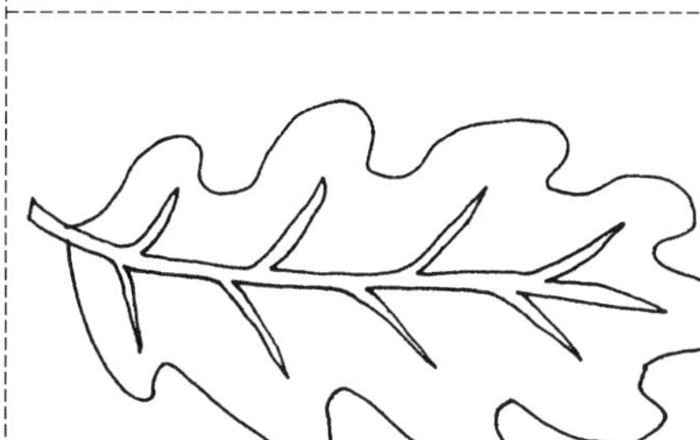

Vorspielen und erraten (1)

Du bist im Park hingefallen und hast dir das Knie aufgeschlagen.	Du bist in einem Konzert, um einen berühmten Popsänger zu sehen.
Du möchtest dir in einem Geschäft eine neue CD kaufen.	Du hast gerade ein wirklich schönes Bild gemalt und dann Wasser darüber verschüttet.
Du hast vergessen, deine Hausaufgabe zu machen.	Beim Baden im Meer hat dich ein Krebs in den großen Zeh gezwickt.
Du wirst gleich mit einem Fallschirm abspringen.	Du bist in einem kaputten Aufzug eingesperrt.
Eure Friteuse zu Hause hat zu brennen angefangen.	Dein großer Zeh ist im Wasserhahn der Badewanne stecken geblieben.
Du bist dabei, ein Zelt aufzustellen.	Dein Fahrrad hat einen platten Reifen.
Du hast dich aus dem Haus ausgesperrt.	Dein Goldhamster ist dir entwischt.
Dein Hund hat Flöhe.	Du erlebst ein Erdbeben.
Bei einem Autounfall ist ein Auto von hinten auf euer Fahrzeug aufgefahren.	Deine Katze sitzt auf einem Baum und traut sich nicht mehr hinunter.

Vorspielen und erraten (2)

Du gehst mit zusammengebundenen Schnürsenkeln.	Dein Zug hat eine Stunde Verspätung.
Du bist mit deiner verletzten Katze beim Tierarzt.	Du hast gerade eine Spritze bekommen.
Dir ist eben ein Zahn gezogen worden.	Du hast dir einen Holzsplitter eingetreten.
Dein Essen ist dir vom Teller auf den Boden gerutscht.	Eine Fledermaus ist in dein Zimmer geflogen.
Ein Baby schreit nach seinem Schnuller.	Du hast im Endspiel das Siegertor geschossen.
Du baust gerade eine Sandburg.	Du bist beim Seilspringen.
Du hast eben einen guten Witz gehört.	Du reitest auf einem Pferd.
Du fütterst einen Killerwal mit einem Fisch.	Du bist beim Drachenfliegen.
Du springst gerade vom Sprungbrett.	Du führst einen sehr lebhaften Hund spazieren.

Die Qual der Wahl (1)

1 Was würdest du lieber tun?

a) Ein Buch lesen ☐ b) Schwimmen gehen ☐
c) Fernsehen ☐ d) Einen Freund besuchen ☐

2 Welches Tier magst du am liebsten?

a) Elefant ☐ b) Tiger ☐
c) Wal ☐ d) Schimpanse ☐

3 Wann würdest du dich am meisten ärgern?

a) Wenn dich ein Freund im Stich lässt ☐ b) Wenn du dein Taschengeld verloren hast ☐
c) Wenn du einen Freund nicht besuchen kannst ☐ d) Wenn du deine Hausaufgabe vergessen hast ☐

4 Wobei hättest du die größte Angst?

a) Vulkanausbruch ☐ b) Erdbeben ☐
c) Lawinenabgang ☐ d) Tornado ☐

5 Was ist deiner Meinung nach wichtiger?

a) Reich sein ☐ b) Gesund sein ☐
c) Beliebt sein ☐ d) Intelligent sein ☐

6 Was würdest du gern einmal ausprobieren?

a) Fallschirmspringen ☐ b) Tiefseetauchen ☐
c) Bergsteigen ☐ d) Autorennen fahren ☐

7 Was würdest du noch am ehesten essen?

a) Schnecken ☐ b) Tintenfisch ☐
c) Schafsaugen ☐ d) Ameisen ☐

8 Was wärst du lieber?

a) Ein Delfin ☐ b) Ein Tiger ☐
c) Ein Otter ☐ d) Ein Adler ☐

9 Welche Art von Urlaub wäre dir lieber?

a) Sonne und Meer ☐ b) Sporturlaub ☐
c) Safari ☐ d) Skiurlaub ☐

Die Qual der Wahl (2)

10 Was isst du lieber?

a) Döner ☐ b) Spagetti ☐
c) Bratwurstsemmel ☐ d) Pizza ☐

11 Welche Art von Büchern magst du?

a) Krimis und Detektivgeschichten ☐ b) Geschichten zum Lachen ☐
c) Hexen- und Zauberergeschichten ☐ d) Sportgeschichten ☐

12 Mit welchem Verkehrsmittel würdest du gern reisen?

a) Schiff ☐ b) Flugzeug ☐
c) Eisenbahn ☐ d) Kutsche ☐

13 Was hättest du am liebsten als Haustier?

a) Hund ☐ b) Katze ☐
c) Pony ☐ d) Schlange ☐

14 Welche Farbe magst du lieber?

a) Rot ☐ b) Blau ☐
c) Grün ☐ d) Gelb ☐

15 Wie würdest du gern einen Abend verbringen?

a) Zu einer Party gehen ☐ b) Ins Kino gehen ☐
c) Zu Hause bleiben ☐ d) Ins Schwimmbad gehen ☐

16 Welcher Sport ist dir lieber?

a) Rad fahren ☐ b) Schwimmen ☐
c) Skateboard fahren ☐ d) Wandern ☐

17 Welche Stadt würdest du lieber besichtigen?

a) Rom ☐ b) Paris ☐
c) Tokio ☐ d) London ☐

18 Wovor gruselt es dir am meisten?

a) Vor einer Spinne ☐ b) Vor Rosenkohl ☐
c) Vor einem Geräusch in der Nacht ☐ d) Vor einer halben Made in dem Apfel, den du gerade angebissen hast ☐

Stärken und Schwächen

still									gesprächig
selbstsicher									unsicher
misstrauisch									vertrauensvoll
gesellig									ungesellig
unzuverlässig									zuverlässig
faul									fleißig
rücksichtsvoll									rücksichtslos
hilfsbereit									nicht hilfsbereit
optimistisch									pessimistisch
ungeduldig									geduldig
aufmunternd									entmutigend
höflich									unhöflich
überlegt									unüberlegt
entschlossen									unentschlossen
unbeherrscht									beherrscht
langweilig									amüsant
großzügig									kleinlich
ernst									verspielt
feig									mutig
körperlich fit									nicht fit
ordentlich									unordentlich
vorausdenkend									planlos
unpünktlich									pünktlich

Dingsda

Spaten	Flasche	Bus
Telefon	Fernseher	Wasserkocher
Fotoapparat	Sessel	Spülmittel
Löffel	Kissen	Hubschrauber
Tisch	Stuhl	Basketball
Apfel	Mülltonne	Bierkrug
Kochtopf	Gabel	Computer
Teppich	Vase	Ei
Besen	Uhr	Handschuh
Teekanne	Vorhang	Buch
Bett	Mikrowelle	Schere
Bleistift	Radiergummi	Radiogerät

Wahrheitssuche (1)

Komplize – Partner bei einem Verbrechen *(richtig)*	Komplize – eine Art Polizist
Komplize – kleines Insekt	Puck – Gummischeibe beim Eishockey *(richtig)*
Puck – große Menschenmenge	Puck – andere Bezeichnung für Tennisschläger
Edelweiß – Alpenblume *(richtig)*	Edelweiß – Bergsteigerhelm
Edelweiß – österreichischer Likör	Torero – spanischer Stierkämpfer *(richtig)*
Torero – Torschütze beim Eishockey	Torero – Wirbelsturm in Nordamerika
Marder – Raubtier mit braunem Fell *(richtig)*	Marder – jemand, der einen Menschen getötet hat
Marder – höchster Berg im Bayerischen Wald	Penne – italienische Nudelsorte *(richtig)*
Penne – Landstreicherin	Penne – Schaden bei einem Fahrzeug

Wahrheitssuche (2)

Bibliothek – Bücherei *(richtig)*	Bibliothek – Videoverleih
Bibliothek – Bar, in der es nur Getränke ohne Alkohol gibt	Dingi – kleines Boot *(richtig)*
Dingi – Kampfhund	Dingi – Klingel für die kleine Pause
Kumquat – kleine Bitterorange *(richtig)*	Kumquat – Kaktusart
Kumquat – guter Freund	Quartal – lateinisch für Vierteljahr *(richtig)*
Quartal – Milchprodukt	Quartal – Kartenspiel mit jeweils vier zusammen-gehörigen Karten
Lemming – kleines Nagetier *(richtig)*	Lemming – neugeborenes Lämmchen
Lemming – Stadt in Bayern	Fluor – chemisches Element *(richtig)*
Fluor – Hausgang	Fluor – Blumenschmuck

Sitzmöbel

Motorradsitz	Busfahrersitz
Zahnarztstuhl	Kutschbock
Sitz in einem Schnellboot	Pilotensitz im Flugzeug
Rennfahrersitz	Sitz in der Achterbahn
Sitz auf einem Rasenmäher	Kranführersitz
Pferdesattel	Sattel auf einem Kamel
Kettcarsitz	Schaukelstuhl
Sitz im Zugabteil	Liegestuhl
Sitz an einer Kasse	Klavierhocker
Karussellsitz	Schaukel

Bla, bla, bla

Sätze für Gruppe A

„Pass auf, eine Wespe!"
Zeige durch deine Stimme und deinen Gesichtsausdruck, dass Gefahr droht.

„Kritzel nicht mein Buch voll!"
Das ist ein ärgerlicher Befehl.

„Ich hab gerade ein Gespenst gesehen!"
Versuche, zu Tode erschreckt zu klingen.

„Darf ich bitte mit in die Disco gehen?"
Sage das in einem bittenden Tonfall.

„Ich bin mit meinem besten Freund total zerstritten."
Du solltest unglücklich und einsam klingen.

„Ich hasse Gemüse!"
Sage das mit angewiderter Stimme.

Sätze für Gruppe B

„Hilfe, das Haus brennt!"
Zeige Panik und Entsetzen.

„Was für ein schöner Hund!"
Drücke in Stimme und Gesichtsausdruck Bewunderung aus.

„Heute ist mein Geburtstag!"
Dabei solltest du aufgeregt klingen.

„Wie weit ist es denn noch weg?"
Versuche, müde und lustlos zu klingen.

„Menschenskinder, beeil dich doch endlich!"
Du solltest dich sehr ungeduldig anhören.

„Wo könnten meine Turnschuhe bloß sein?"
Sage das mit grübelnder Stimme.

Zuordnungsspiel

Städte	Obst	Bäume
Bauernhoftiere	Hunde	Filme
Länder	Bücher	Hauptstädte
Kleidungsstücke	Automarken	Haustiere
Fußball-vereine	Berühmte Bauwerke	Vögel
Musik-instrumente	Sachen auf dem Frühstückstisch	Werkzeuge
Sportarten	Familienan-gehörige	Popstars
Farben	Filmstars	Getränke
Fernseh-programme	Möbelstücke	Blumen
Historische Gestalten	Fische	Alles, was zum Wetter gehört
Schokoriegel	Gemüse	Säugetiere
Mannschafts-spiele	Kinderbuch-autoren	Zeichentrick-figuren